U0470276

编委会

主　编：张立军

副主编：李　馨

编　委：史　蕾　高　艳　高　骞

　　　　漆剑如　高　琪　郭　松

　　　　乔俊梅

以舞育人
以文化人

张立军 主编

北京舞蹈学院附中
立德树人德育文集

文化艺术出版社
Culture and Art Publishing House

图书在版编目（CIP）数据

以舞育人　以文化人：北京舞蹈学院附中立德树人德育文集 / 张立军主编. — 北京：文化艺术出版社，2020.12

ISBN 978-7-5039-7030-6

Ⅰ.①以⋯ Ⅱ.①张⋯ Ⅲ.①德育工作—中等专业学校—文集 Ⅳ.①G711-53

中国版本图书馆CIP数据核字（2019）第259615号

以舞育人　以文化人
——北京舞蹈学院附中立德树人德育文集

主　　编	张立军
副 主 编	李　馨
责任编辑	蔡宛若
责任校对	董　斌
封面设计	赵　矗
出版发行	文化藝術出版社
地　　址	北京市东城区东四八条52号（100700）
网　　址	www.caaph.com
电子邮箱	s@caaph.com
电　　话	（010）84057666（总编室）　84057667（办公室） 　　　　84057696—84057699（发行部）
传　　真	（010）84057660（总编室）　84057670（办公室） 　　　　84057690（发行部）
经　　销	新华书店
印　　刷	国英印务有限公司
版　　次	2021年4月第1版
印　　次	2021年4月第1次印刷
开　　本	710毫米×1000毫米　1/16
印　　张	15.5
字　　数	240千字
书　　号	ISBN 978-7-5039-7030-6
定　　价	58.00元

版权所有，侵权必究。如有印装错误，随时调换。

学习贯彻党的十九大精神 以德育建设为统领 全面落实立德树人根本任务

（序）

附中党总支书记 张立军

党的十八大以来，我们围绕"培养什么人、怎样培养人、为谁培养人"这一根本问题，全面加强党对教育工作的领导，坚持立德树人，加强学校思想政治工作，推进教育改革，加快补齐教育短板，加速推进教育现代化，教育事业的中国特色更加鲜明，人民群众对教育的满意度不断提高、获得感明显增强，我国教育的国际影响力加快提升，13亿多中国人民的思想道德素质和科学文化素质全面提高。

党的十九大从新时代坚持和发展中国特色社会主义的战略高度，做出了优先发展教育事业、加快教育现代化、建设教育强国的重大部署。教育是民族振兴、社会进步的重要基石，是功在当代、利在千秋的德政工程，对提高人民综合素质、促进人的全面发展和社会全面进步、增强中华民族创新创造活力、实现中华民族伟大复兴具有决定性意义。教育是国之大计、党之大计。

"十三五"期间，北京舞蹈学院附中根据《国家中长期教育改革和发展规划纲要（2010—2020年）》《北京舞蹈学院"十三五"时期事业发展规划（2016—2020）》等文件精神，深入学习贯彻党的教育方针，遵照学院对附中"三基"定位与"瘦身精养"的办学指导思想，附中党政领导班子结合附中自身的办学实际情况，对学校在"十三五"期间的发展规模与具体任务做出了明确规划，确定"十三五"期间附中将继续坚持以内涵建设、人才培养为中心，努力提高教育教学质量，强化党建核心地位，探索立德树人有效途径，进一步建立系统规范的制度管理体系，将学校的各项工作推向一个新的高度，继续发挥好在北京及全国中等艺术教育领域内的示范作用。

"十三五"期间，学校上下深入学习贯彻落实习近平新时代中国特色社会主义思想，始终坚持"文化引领、自主创建、以舞育人、锻造精品"的办学指导思想，扎实推进立德树人、思政课程、人才培养、德育建设等各项工作，为学校进一步发展打下坚实基础。

一、附中在舞蹈教育中的办学定位思路

高举中国特色社会主义伟大旗帜，全面落实党的教育方针和文艺方针，促进舞蹈艺术教育事业发展。遵循中等职业舞蹈教育规律，落实立德树人根本任务，总结附中办学精神，凝练附中办学特色，塑造附中品牌形象，推动校园文化建设；继续深化教育教学改革，强化专业内涵建设，不断提高人才培养质量，适时探索创新人才培养模式；优化教学运行机制，打造优质师资队伍，着力产出舞蹈教育精品，继续发挥引领示范作用。

二、舞蹈教育规律与机制体制保障

"十三五"期间，附中的教育教学改革遵循舞蹈人才培养规律，以强化内涵建设为主旨，以德育建设为基础，以立德树人为根本任务。聚焦学生综合素质培养，继续在深化课程体系建设、完善教学管理机制、强化实践育人手段、创新人才培养模式等方面做出了有益探索。

（一）深化课程育人内涵，提升学生综合素养

课程是落实人才培养理念的主阵地。在坚守教育教学传统的基础上，附中稳中求进推行课程改革，在优化课程结构上下功夫。围绕构建专业能力、文化知识、人文素养三位一体的培养目标，着力设计和搭建符合学生成才所需的校本课程体系，为新的人才培养方案的设定奠定基础。

（二）搭建实践育人平台，检验人才培养成效

艺术实践是学为所用的关键环节。搭建艺术实践平台，鼓励各专业创作时代性教学剧目，以期达到凝练专业学术追求，增强教师艺术实践能力，打造高水平艺术精品，以此检验课堂教学成效，深化学校艺术实践的教学价值。学校积极采取多项举措打造实习实践平台，不仅坚持教学过程中常规的实习实训演出活动，还不断开拓更多渠道创造实践机会展现教学成果。组织推进高雅艺术进校园，服务社会，服务首都"四个中心建设"的活动，搭建让师生走向社会、走进大众，连接学校和社会、艺术与大众，实现艺术普及和推广的现实价值。

（三）夯实管理育人机制，形成特色育人模式

在"十三五"开局之年，附中对行政职能部门进行了调整，由多个行政科室合并成为党校办、教务科、学生科三个职能部门。党校办是学校对外联络、对内沟通、协调党务政务的管理部门；教务科是学校教学管理运行和教学统筹推进的教学行政部门；学生科是学生思想道德教育、德育队伍建设和学生日常管理的职能部门。精炼的机构起着精干的作用，各部门在工作中发挥着教学育人、管理育人、服务育人的作用，通过制度保障，形成具有附中专业特色的多元立体管理育人模式。

三、全面落实立德树人任务，培养学生舞蹈艺术品格

附中在全国教育大会精神指导下，深入学习习近平总书记关于教育的重要论述，以立德树人为根本宗旨，把立德树人融入思想道德教育、艺术职业教育、文化知识教育、社会实践教育各环节，不断完善德育工作机制，结合当前德育工作的新形势、新要求，强化教育引导和实践养成相结合，加强行为规范养成教育，不断改进工作方法、工作作风，提高学校德育工作的实效性。在德育管理、学生教育中关注人的终身发展，不断挖掘"以舞育人""以文化人"的育人潜能。

（一）构建"三全育人"体系，推进德育网络化建设

附中全面构建"三全育人"德育工作体系。搭建三级管理机制，由学校德育工作领导小组为统领，以学生科、团委为职能管理部门，以各教学科为具体落实单位。实行原德育主任同党支部书记"双岗合一"制度，把抓教师思想和抓学生德育的工作有机地统一起来。加强基层党支部的战斗堡垒和政治保障作用，有力提升学校各部门、各专业德育工作的实效性，建立起了多层面长效工作机制。巩固和强化了德育工作成效，推进德育网络化建设，使附中的德育工作形成了有效的管理机制。

（二）注重学生养成教育，提高学生人文素养

根据附中《北京舞蹈学院附属中等舞蹈学校"十三五"发展规划》以及我校各年级学生不同的成长需求，注重对学生进行健康习惯、卫生习惯和生活自理能力等方面的养成教育，充分调动学生自我认知、自我约束、自我管理的主观能动性，不断深化创建文明班级和文明集体，培养学生的集体观念、职业观念、劳动观念，保持校园良好的生活秩序和学习风气。依托舞蹈艺术的文化内涵，坚持以舞育人、以文化人，提高学生的审美—人文素养，使舞蹈文化人这一培养理念贯穿到学生的学习和生活的各个层面，全面培养造就学生的舞蹈艺术品格。

（三）积极开展主题活动，全面提升学生素养

以主题教育为抓手，积极拓展德育新思路。结合学生成长过程中所需的核心素养，以培养学生养成"懂礼貌、知礼仪、爱学习、有眼界"的品行为出发点，设计德育主题活动，有针对性地开展德育工作。同时，组织和开展社会实践、校外研学、文明风采、主题演讲和校园歌手大赛等特色德育活动。丰富多彩的主题活动，增强了学生的艺术实践和社会实践能力，传承了中华优秀传统文化的精神内涵，全面提升了学生的素养、磨砺了意志品质、培养了集体主义精神，充分展示了学生们的精神风貌和文明风采。

四、深化德育队伍建设，提升科学化管理水平

（一）推进新时代班主任队伍建设

德才兼备，以德为先，是新时代对德育工作的要求。班主任是学生日常教育的管理者，是学生健康成长和成才的教育者和引航人。学校加强班主任的师德师风建设，强化班主任的身份意识、责任意识，切实提高班主任日常教育管理水平。建立健全保障有力的体制机制，加大班主任培训力度，拓宽培训渠道，转变管理模式，由保姆式管理模式向智慧型现代化管理模式转变。着力打造素质全面的班主任工作队伍，提高班主任工作水平。坚持德艺双馨标准，建设高素质德育工作队伍，全面核定班主任工作任务，优化师资规模结构，做好班主任队伍的梯队建设。

（二）加强师德师风建设，塑造优秀教师队伍

师资队伍建设始终是附中的重点工作之一。"十三五"期间，附中成立了德育工作领导小组和师德建设领导小组，对师德师风进行全面管理，严格实行德育一票否决制度。把师德评价作为教师年度考核、职务聘任、评奖、评优的重要依据。同时，通过公开招聘、职称评聘等方式，优化师资队伍的梯队建设，利用各种资源为教师努力搭建良好的继续教育平台，鼓励青年教师深造学习，为教师提供丰富的艺术实践机会。邀请国内外知名专家讲习授课，组织教师赴各地采风调研等。组织青年教师开展教学基本功比赛，提高教师教学热情和专业素质能力。在教学研修、采风交流、师生同台演出等活动中，形成了附中特色的教师培训方式。通过加强教师教风改进，附中努力培养一支素质高、能力强、声誉优的教师队伍。

五、强化党的组织建设，激发群团组织活力

附中党总支坚持以政治建设为统领，牢固树立"四个意识"，坚定"四个自信"，做到"两个维护"，在贯彻党的教育方针中起好把方向、管大局、

做决策、保落实的作用。坚持把政治要求、政治标准、政治教育落实到学校教育教学改革、基层党组织建设、党员干部教育管理监督等具体工作中，推进党带群团同频共振、同向同行。强根本，聚合力，牢记为党育人、为国育才的职责，激发党员教师们的使命担当。

（一）发挥政治核心作用，推进领导班子建设

附中党政领导班子坚持党的领导，以政治建设为立足点，以政治引领为关键点，坚持将思想政治教育融入教育教学全过程。不断加强领导班子建设，明确校级领导班子成员"一岗双责、党政同责"。加强科级干部教育培养，以提高把握大局、谋划发展、运用规律、科学理校、服务师生、推进和谐的能力为重点，以建设"信念坚定、服务师生、勤政务实、敢于担当"的干部队伍为目标，打造了一支能力强、素质高、工作实的干部队伍。

（二）发挥党的引领作用，带动团学组织建设

建立"党带团学"新模式，加强附中分团委、团总支、团支部、学生会建设，形成完善的三级组织架构，使团委、团总支、团支部的活动形成上下联动机制。校团委围绕培育和践行社会主义核心价值观，坚持"青春同路人"的组织理念，充分发挥艺术院校独特文化优势，积极构建以团学一体化互动为特色的组织机制，进一步加强"爱国、爱校、爱舞蹈"教育。

（三）传承中华优秀文化，培养舞蹈文化情怀

附中以"凝练校园文化、培养文化情怀，提升专业精神、厚植文化传承"作为稳步推进各项工作的内在魂魄，重视校园文化和精神传承，注重对每个学生品格和素养的教育和引导。在党的教育方针指引下，营造和谐的校园文化氛围，通过挖掘专业内涵，凝练专业文化特色，建立师生专业的归属感。在党团文化、校园文化、专业文化相互融合中，凝练成了各专业的团队口号、旗帜、服装、歌曲等，形成了具有附中专业特色的校园文化氛围。

北京舞蹈学院附中作为新中国中等职业舞蹈教育事业的开端与奠基之

地，无论是中国舞蹈还是西方舞蹈的诸专业，都在半个多世纪的建设中积累了深厚的基础和传统。进入新时代的"十四五"开局之年，北京舞蹈学院附中将以更积极努力奋进的精神，抓住机遇，超前布局，以更高的历史站位、更宽的国际视野、更深邃的战略眼光，加快推进人才培养总体部署和规划设计，坚持把落实"立德树人"根本任务放在学校发展的优先地位，不断使学校教育同党和国家事业发展要求相适应，同我国综合国力和国际地位相匹配，同学生和家长的期待相契合。培养一代又一代拥护中国共产党领导和中国特色社会主义制度、立志为中国特色社会主义事业奋斗终身的有用人才，这是教育工作的根本任务，也是教育现代化的方向目标。

2020 年 8 月于北京

Contents 目录

"以舞育人"理论初探

003　文化自信视域下艺术院校构建"以文化人、以文育人"机制的实践探索
　　　——以北京舞蹈学院附属中等舞蹈学校为例　/　张立军　韩林岐

011　磨砺艺术品格　涵养知行合一　铸就舞人馨德　/　李 馨

017　发挥党团引领作用　构建"担当育人"体系　/　高 琪

021　舞蹈专业课程的思政教育探索
　　　——以《荷花舞》为例　/　粟 立　贾晓泽

030　论新时代艺专班主任的德育素养　/　柳 倩

035　论班级建设中的凝聚力建设　/　陈思宜

040　论班主任的专业情感素养　/　刘 丹

044　"三全育人"视野中北舞附中教师的角色定位与实现路径　/　赵 菲

052　北舞附中德育工作模式初探　/　史　蕾

059　中国舞教学科德育工作创新的路径选择　/　高　骞　苑　媛

065　浅析中职班级文化建设中的融合策略　/　楚　希

069　谈班级管理中的真善美　/　董金晶

074　中职院校立德树人有效途径的探索　/　张　瑶

080　浅谈班级浸润式教育的实践探索　/　廉　欣

084　浅议班会在中职院校德育工作中的实践价值　/　江秀红

089　育人有心，雪落无痕　/　黄　薇

094　以美育促进德育的实践探索　/　杨　洋

"以文化人"教育随笔

101　谈"三全育人"理念下的班主任工作　/　郭　松

105　论任课教师兼班主任的双重身份意义　/　乔俊梅

110　浅谈班级德育工作的时代价值　/　葛怀广

113　用爱心和耐心唤醒学生的责任意识　/　刘金洁

116　抗"疫"期间基于网络以舞育人的实践探索　/　高泽炜

119　上好人生的"第一课"　/　漆剑如

122　新时代"以德育人"学生管理的思考　/　高　艳

125　星路相伴　见证成长　/　张丽华

128　班级建设的三个"关键招"　/　张　洋

131　浅谈班级管理系统的内容　/　李庆捷

135	一双鞋引发的教育思考 /	赵俊杰
139	班级建设助推学生做最好的自己 /	王 磊
142	小小"主任"的平凡之路 /	于梦洁
146	德艺双馨人才培养的班级路径 /	刘 琛
149	我与中国舞 2017 级的千日琐记 /	王紫璇
153	班级日常管理工作的点滴思考 /	刘 振
158	抗"疫"期间私信沟通更贴心 /	蔡春梅
161	没有面对面 可以心连心 /	线 谱
163	如何做好一名合格的班主任 /	李婷婷
166	不让学生输在道德成长的起跑线上 /	陶 勇
168	中职艺术院校班级德育的有效策略 /	邢浩恩
171	用爱和智慧陪伴长大 /	白 鸽
174	用心带班 用心育人 /	石 琳
177	漫谈新生入学前的能力培养 /	李风静
182	做"润物无声"的教育 /	吕 亮
184	冰心育桃李 润物细无声 /	贺 雷
187	做"无用"的事 成"有用"的我 /	马 军
190	木铎之心化春雨，授业之行润万物 /	刘 阳
193	中职班主任"三全育人"的点滴体会 /	马文涛
195	匆匆十年 润物无声 /	姜梦佳
200	从点滴进入 从身边做起 /	邹友俊

203　　从爱出发　温暖心灵　／　罗　阳

206　　用心建设班集体　／　段　慧

210　　唯愿不做塾师　／　彭　蔚

212　　中职数学教学中的德育探索　／　郭　玥

215　　做"因材施教"的班主任　／　耿英杰

219　　做学生成长的引路人　／　李阿南

221　　中职院校班级管理的六大任务　／　孟庆军

224　　我们是"芭15"
　　　　——班主任工作的点滴感受　／　纪佳男

229　　传承舞校精神　把握"三基"定位　培育舞蹈人才（跋）　／　杨　纳

"以舞育人"理论初探

文化自信视域下艺术院校构建"以文化人、以文育人"机制的实践探索

——以北京舞蹈学院附属中等舞蹈学校为例

张立军[①] 韩林岐[②]

摘　要：文化自信是培育和践行社会主义核心价值观的精神支撑。"以文化人、以文育人"要求构建全员全过程全方位育人格局，坚定不移地走中国特色艺术院校改革发展道路，引领学生树立正确的审美观念、陶冶高尚的道德情操、塑造美好心灵。北京舞蹈学院附中既注重整体推进、有机统一，又各有侧重、突出重点，在潜移默化中实现"以文化人、以文育人"，引领学生自觉接受社会主义核心价值观的熏陶，汲取中国智慧、弘扬中国精神、传播中国价值。

关键词：北舞附中；文化自信；立德树人；以文化人；以文育人

2016年7月，习近平总书记《在庆祝中国共产党成立95周年大会上的讲话》中明确提出："坚持不忘初心、继续前进，就要坚持中国特色社会主义道路自信、理论自信、制度自信、文化自信"[③]，把"四个自信"概括为中国共产党"不忘初心、继续前进"的基本要求。

习近平总书记指出："育新人，就是要坚持立德树人、以文化人，建设社会主义精神文明、培育和践行社会主义核心价值观，提高人民思想觉悟、道德水准、文明素养，培养能够担当民族复兴大任的时代新人。兴文化，就是要坚持中国特色社会主义文化发展道路，推动中华优秀传统文化创造性转

[①] 张立军：男，汉族，北京舞蹈学院附属中等舞蹈学校党总支书记，副教授。
[②] 韩林岐：女，满族，北京舞蹈学院附属中等舞蹈学校团委书记，讲师。
[③] 习近平：《在庆祝中国共产党成立95周年大会上的讲话》，《人民日报》2016年7月2日。

化、创新性发展,继承革命文化,发展社会主义先进文化,激发全民族文化创新创造活力,建设社会主义文化强国。"[1] 思想政治教育是一项具有高度理论自觉和文化自觉的"以文化人、以文育人"的实践活动。艺术院校思想政治教育工作要高度重视思想道德和意识形态教育,以美育人、以文化人,坚定文化自信、增强文化自觉,把培育和践行社会主义核心价值观融入学校思想政治教育工作体系的各方面、各环节。弘扬中华优秀传统文化,继承革命文化,发展社会主义先进文化,切实做强中华文化的根基,培植繁荣社会主义文化的种子。

北京舞蹈学院附属中等舞蹈学校(以下简称"北舞附中")作为中国"高等艺术教育优秀后备人才基地和优秀职业舞蹈表演人才培养基地",坚持"立德树人、以舞育人",立足艺术院校的办学特色,全面加强对青少年学生的思想引领和价值引导,从弘扬中华优秀传统文化视角入手,以社会主义核心价值观为引领,打造校园文化精品,通过成立领导小组、制定实施方案、定期召开专题例会等形式,研究制定了加强和改进新形势下艺术院校思想政治工作的一系列新思路、新政策、新举措,把握节奏、注重长效,融入日常、抓在经常,创新活动方式方法,拓展实践平台,将思想政治教育和舞蹈专业教育相结合,着力构建"全员、全过程、全方位"协同推进一体化工作机制,把思想政治教育工作做在日常、做到个人,取得思想政治教育新成效。

一、坚持首善标准,着力提升高度,做好顶层设计

习近平总书记指出:"文化自信,是更基础、更广泛、更深厚的自信。在 5000 多年文明发展中孕育的中华优秀传统文化,在党和人民伟大斗争中孕育的革命文化和社会主义先进文化,积淀着中华民族最深层的精神追求,代表着中华民族独特的精神标识。"[2] 舞蹈艺术是特殊的艺术门类,规范严、

---

[1] 习近平:《习近平出席全国宣传思想工作会议并发表重要讲话》,《人民日报》2018 年 8 月 22 日。

[2] 习近平:《习近平谈治国理政》,外文出版社 2014 年版。

强度大、成才难，相较于其他的艺术门类，舞蹈艺术的成才相对艰难，培养德才兼备的高素质艺术人才，要注重提高学生的人文素养，不仅要有高超的专业技术技巧，更要参透舞蹈背后深厚的文化内涵。

艺术院校的青少年学生与其他学校的学生相比具有一些较为明显的特点：学生普遍热情奔放，个性突出，求新求异，更加强调个性发展；绝大多数艺术院校学生，从小就开始接受专业训练，有比较明确的专业发展方向，成才、成名的愿望非常强烈。这说明艺术院校的学生比其他学校的学生更富有创意性和自我表现的特点。与此同时，学生在一定程度上也存在比较关注自我，互相不服气，竞争意识较强，缺乏团队合作意识等特点。

北舞附中的学生普遍为"00后"，年纪尚小，跨越小学、中学两个教育阶段，心智尚未完全成熟，正处于世界观、人生观、价值观形成发展阶段，需要进行正确的引导，因此北舞附中充分发挥各级团学组织在教育、团结和联系青少年学生方面的优势，紧紧围绕"立德树人"这个中心开展工作，引导广大青少年学生把握好人生方向：明辨是非、曲直、善恶、得失、义利，扣好人生第一粒扣子。结合艺术院校学生的专业特点，针对艺术院校青少年学生的思想政治教育无论内容上，还是方法上，都要更加注重体现时代性、把握规律性、富于创造性。"以文化人、以文育人"的实践探索始终坚持"青春同路人"理念，注重引导各级团学组织"自我管理、自我教育、自我服务"，以开展团学干部早晚巡查为主要工作抓手，不断调动和发挥学生参与的积极性，避免让学生被动接受道德灌输，由单向灌输转向双向互动，切实增强了艺术院校青少年学生思想政治教育的针对性和实效性、吸引力和感染力。

二、坚持理论引领，着力挖掘深度，促进核心价值观内化

党的十八大以来，习近平总书记从中华优秀传统文化中提炼出传承中华民族精神基因的命题和思想观点，并赋予其马克思主义的新时代内涵。习近平总书记在党的十九大报告中指出："坚持创造性转化、创新性发展，不断铸就中华文化新辉煌。"要"深入挖掘中华优秀传统文化蕴含的思想观念、

人文精神、道德规范，结合时代要求继承创新"。这些阐述，高度概括了中国特色社会主义文化的基本内涵，阐明了在新时代我们对待中华优秀传统文化的科学态度，是继承发展中华优秀传统文化的基本方针，具有重要的现实指导意义。

行动的秘诀在于理论优先。北舞附中认真按照北京市委教育工委组织开展首都学生"读书读经典"系列活动的相关指示精神，积极引导青少年学生研读当代中国马克思主义理论著作和中外优秀学术文化典籍，通过深度指导帮助学生读深读透、学以致用。引导青少年学生完善阅读习惯，提升理论修养、人文素养、文化内涵，以建设时时想读、处处可读的"书香校园"为目标，将"读书读经典"活动融入学校的日常教育之中。通过广泛发动、层层推进，促进第一课堂与第二课堂有机融合，引导团学、班级等基层学生组织开展活动，使活动效果覆盖到每一名学生，增强学生的思想"获得感"，实现工作全员全域覆盖。通过建设"书香校园"形成"学理论、读经典"的浓厚氛围，全面增强"四个自信"，进一步促进青少年学生将核心价值观内化于心，提升了广大青少年学生对核心价值观的精神共鸣，做到爱国、励志、求真、力行。

三、坚持显隐同向，着力把握精度，增强核心价值观认同

在一定时期内青少年学生的思想政治教育工作普遍说教色彩比较浓厚，强调政治性，突出思想性，与舞蹈艺术专业的结合相对困难。面对具体工作开展中还部分存在工作活力、广度、深度不够的情况，需要充分结合新一代艺术院校青少年学生群体新的思维方式、行为特点和兴趣爱好，进一步创新工作载体，优化活动设计，培育活动品牌，努力把"有意义"的工作做得"有意思"，把"有意思"的活动办得"有意义"，实现思想性和普遍性的有机结合，进一步增强工作的感染力。因此，艺术院校在开展思想政治教育时要注重政治理论学习与专业艺术的有机结合，使爱国主义等思想政治教育的核心元素融入人格化、形象化、具体化的舞蹈专业教学情境中，切实增强对党和国家奋斗目标的思想认同、情感认同、价值认同，让青少年学生在欢笑

与汗水中增强对社会主义核心价值观的认同,引导广大青少年学生坚定不移地听党话、跟党走。

1.全面挖掘中华传统文化的优秀德育资源,以生动的素材丰富思想政治教育主题内容。习近平总书记指出:"文艺创作不仅要有当代生活的底蕴,而且要有传统文化的血脉。"[①]中华传统文化博大精深,我们代代传承的伟大民族精神和优秀的文化经典作品,不论从艺术形式上还是内容上都是思想政治教育的宝贵资源。舞蹈专业学生在一定程度上存在重视艺术专业课学习,轻视文化课学习的问题,艺术院校要深入挖掘中华优秀传统文化中蕴含的宝贵精神财富,通过深入开展第五届"礼敬中华优秀传统文化"系列活动,注重营造人文氛围,突出文化引领作用,通过开展经典诵读课程、"舞墨诗香"硬笔书法大赛、"文涛舞韵"诗歌朗诵会、"合众舞心"读书会等主题特色活动,使青少年学生认识到文化修养对艺术成才的重要作用,使青少年学生不仅爱学而且能够学得进去,真正助力学生成长成才。

2.深入挖掘党领导人民在革命、建设、改革中创造的红色文化中蕴含德育资源,充分发挥红色文化在思想政治教育中的育人功能。艺术院校要注重挖掘重大节日、重要仪式中蕴含的丰富的红色教育资源,大力开展传承红色基因教育,创新思想政治教育方式方法,将爱国奋斗精神教育深入到校园每个角落,覆盖全体青少年学生。让学生从课桌旁的听众变成舞台上的主角,充分发挥学生的主观能动性、创造性,青少年学生在创作、排练、演出中一次次走进英烈的精神世界,得到思想灵魂的洗礼。通过营造诵读红色家书、讲述英烈故事、学习英雄事迹、牢记初心使命的浓厚氛围,极大地激发了广大青少年学生的积极性。他们满腔热情投入到创作、表演中,用歌舞、情景剧、手绘漫画等年轻人喜闻乐见的方式和创意,演绎英雄人物的家书,讲述革命先烈的事迹,让英烈形象变得有血有肉,可触可信,取得了重温革命历史、缅怀革命先烈、传承红色基因、坚定理想信念的良好教育效果。

---

① 习近平:《习近平总书记系列重要讲话读本(2016年版)》,学习出版社、人民出版社2016年版。

3. 注重挖掘艺术院校独特的校园文化资源，建设富有舞蹈专业特色的思想政治教育主题课程。舞蹈艺术界有许多德艺双馨的名家、大家，在青少年学生中具有广泛影响力，是青少年学生专业学习的楷模。许多老艺术家在取得专业成就的同时，其优秀的个人品德素养也为世人称赞。如北京舞蹈学院第一任校长戴爱莲等老艺术家，在他们身上蕴含着丰富的思想政治教育素材。深入挖掘戴爱莲等老一辈艺术家的先进事迹中所蕴含的思想政治教育元素，将爱国奋斗精神全面反映、有机融入思想政治教育课程和专业课程教学。感人的故事、生动的案例贴近学生的专业追求，丰富了思想政治教育的主题内容，同时激发青少年学生"爱国、爱校、爱舞蹈"的热情，使职业理想教育和思想道德教育有机结合，从而引导广大青少年学生努力做爱国奋斗精神的传承者、党和人民事业的接班人。

四、坚持专业优势，着力拓展广度，推动核心价值观践行

党的十九大做出我国社会主要矛盾发生变化的重大政治论断，社会主要矛盾转化为人民日益增长的美好生活需要和不平衡不充分的发展之间的矛盾。人民对于美好生活的追求包含越来越丰富的内容，美好精神生活需要是其中一个重要方面。满足人民美好生活需要多渠道、多方式，文艺创作是满足人民美好精神生活需要的一个有效途径。社会主要矛盾变化在文艺创作领域的表现，要求深入研究文艺创作如何适应和满足人民日益增长的美好精神生活需要的新课题。北京舞蹈学院附中作为以舞蹈为特色的专业艺术院校，要始终坚持社会主义先进文化前进方向，以弘扬优秀的民族文化为己任，打造底蕴深厚、涵育人心的优秀文艺作品，力争在中华民族伟大复兴的征程中有所作为。

在新时期和新形势下，艺术院校青少年学生思想政治教育工作还有不少需要进一步深入研究和探索的课题。面对网络化社会挑战下青少年学生获取信息的渠道更加多样化、方式更加便捷化、即时化的特点，需要我们主动适应和努力提高运用新媒体开展正面宣传教育的工作能力，实现"面对面"和"键对键"的有机结合，进一步增强工作的影响力。面对青少年学生个人成

长发展需求更加多元化、个性化和当前日趋复杂的意识形态领域斗争、多元化社会思潮对青少年学生可能带来的负面冲击与不利影响，需要在工作中将正面宣传教育和帮助解决青少年学生在学习、生活、心理、情感等方面遇到的实际问题与具体困难有机结合起来，拓宽服务领域、丰富服务手段、改进服务方式，实现解决思想问题和解决实际问题的有机结合，进一步增强思想政治教育工作的吸引力。

理论的秘诀在于实践第一。作为舞蹈院校的青少年学生，每逢国家重大节日庆典或举行重大活动都有演出任务。学校充分利用组织学生参加党和国家重大活动机会较多、覆盖面较广这一特殊优势，深入挖掘活动重大象征意义和深刻思想内涵，把组织参与活动过程作为拓宽学生爱国主义教育和理想信念教育的重要载体和有效途径，积极引导青少年学生在活动参与过程中自觉树立起正确政治方向和坚定理想信念。

北舞附中坚持"党带团学"的工作理念，通过统筹整合校内外资源，充分依托丰富的社会艺术实践活动，发挥艺术专业创作的独特优势，重视思想政治教育"第二课堂"实践育人。通过主题班会、主题团日活动、主题校园文化活动等多种形式，坚持开展高雅艺术进学校、进部队、进社区的社会公益活动。通过社会实践活动，引导艺术院校青少年学生深入生活、了解社会、认识国情，激发了青少年学生的爱国热情，培养了青少年学生团结协作精神，展现了艺术院校学生的良好精神风貌，推动社会主义核心价值观真正入脑入心、落地落实。

五、把握大势，遵循规律，循序渐进，切实增强思想政治教育工作的文化力量

中国特色社会主义进入了新时代，高校内涵式发展的核心目标是坚持中国特色世界一流，工作主线是服务需求提高质量，根本任务是立德树人。要坚持社会主义办学方向，落实好培养社会主义建设者和接班人的根本任务，培育积极先进、特色鲜明、中国智慧的大学文化，传承和弘扬好中华优秀传统文化，打造具有中国特色的一流学科体系、高水平人才培养体系和高素质

的人才队伍体系。从建设人力资源强国的战略高度，对人才培养的目标提出了新的要求。从行业发展特点看，文化越来越成为民族凝聚力和创造力的重要源泉，越来越成为综合国力竞争的重要因素，丰富精神文化生活越来越成为我国人民的热切愿望。

　　思想政治工作是学校各项工作的生命线。艺术院校要以习近平新时代中国特色社会主义思想为指引，全面贯彻落实全国高校思想政治工作会议精神，按照《高校思想政治工作质量提升工程实施纲要》要求，紧紧围绕立德树人根本任务，全面统筹办学治校育人资源，不断加强和改进思想政治工作，积极构建"三全育人"工作体系，努力把具有艺术院校特色的青少年学生思想政治教育工作做得更好，进一步强化"围绕学生、关照学生、服务学生"的工作新理念，进一步落实"因事而化、因时而进、因势而新"的工作新要求，进一步确立"精品化、精细化、精准化"的工作新目标，不断深化拓宽教育主题和内容，探索创新工作载体和手段，着力培育学生思想引领工作新品牌、提升学生管理服务工作新水平、增强学生关爱帮扶工作新成效，使广大青少年学生真正受益，成长为"文舞相融，德艺双馨"的高素质、综合性人才，服务国家战略和北京"四个中心"功能建设，推动新时代社会主义文化大发展大繁荣。

磨砺艺术品格　涵养知行合一　铸就舞人馨德

李　馨

摘　要：进入新时代，北京舞蹈学院附中积极探索和不断创新立德树人的新路径、新方法，从磨砺艺术品格、涵养知行合一、铸就舞人馨德三个方面总结和反思育人工作的实际经验。

关键词：立德树人；艺术品格；知行合一；舞人馨德

国无德不兴，人无德不立。党的十九大以来，党和国家对教育工作提出了新要求。每一位教育工作者都要全面贯彻党的教育方针，落实立德树人根本任务，发展素质教育，在教育教学过程中培养德智体美劳全面发展的社会主义接班人和合格建设者。

立德树人，培根铸魂，新时代舞蹈教育面临新的机遇与挑战。北京舞蹈学院附中（以下简称"附中"）在培养综合性人才方面做了很多积极的探索，尤其是在教育教学方面，近几年形成了一些有效的实践方法与创新思路。

一、磨砺艺术品格

习近平总书记说过，中华民族在长期实践中培育和形成了独特的思想理念和道德规范，中华优秀传统文化中很多思想理念和道德规范，不论过去还是现在，都有其永不褪色的价值。优秀舞蹈人才在思想理念和道德规范方面一定是全面的、饱满的，不仅应该拥有娴熟的专业技能与艺术表现力，更应该在心智与品格上成为具有中国舞蹈艺术文化精神特质的综合性人才。艺术品格是我们所培养的人由内而外的整体精神面貌和文化气质，是新时代对"培养担当民族复兴大任之舞蹈人才"的核心要求。因此，附中党政领导班子在办学实践中,以新时代习近平总书记关于教育工作的一系列重要论述为指导,在学院党委坚强领导下,构建了人才综合素质培养的教育模式。其中,党的教育方针是灯塔,机制是保证,人格是基础,文化是支撑,专业是内核,生活是路径,品德是目标。

学校党政领导班子积极完善这一教育网络,搭建育人机制,打造骨干团队,在以附中党总支为核心的教育布局中,各党支部各司其职,积极领导配合各项工作。从每周的例会,到每月的汇总梳理,附中各部门时刻保持信息公开透明,问题及时发现、迅速解决的高效模式。学校充分调动全员育人,牢固树立新时期"四有"好老师的教育信念,教师团队中的班主任全身心投入一线工作,在与学生的朝夕相处中把握学生发展动态,总结成长规律,定期进行经验交流分享。从内部的切磋配合到外部的主动引进,从班主任定期培训到走进专业班主任的比赛现场,附中为打造一支强有力的班主任团队不遗余力。同时,学校大力支持青年骨干教师成长,打磨他们的专业能力,丰富他们的行课风格,周期性的"青年教师基本功"展示,给了老师们展示自我风采的空间和查漏补缺的成长平台,在秉持一颗初心不忘的努力中熏染学生沉住心练就基本功,耐住性子坐稳冷板凳。

师者,模范也。教师是学生学习模仿的对象,因此,附中着力打造精锐教师队伍就是为学生成长树立良好的人生榜样。一年一度的"师生同台"已经成为附中经典的文化品牌,更是立德树人的重要实践。学生在排练过程和舞台呈现中,与老师充分地互动,体会老师对舞台的敬畏,体会老师对工作的坚守,从细节中品味一个艺术人的精益求精,在研磨中理解一个艺术人的工匠精神。

二、涵养知行合一

"舞为本"是舞蹈教育的基本理念。学校通过挖掘专业内涵,把握各门艺术课程的特性,提炼出适合附中学子学习规律的教学法,通过"以技带艺"的方式,潜移默化地给予学生艺术审美的熏陶,最终练就学生体现美、传播美的专业素质。

在践行舞蹈教育理念的过程中，除了打造过硬的专业能力外，"以文化人"是附中一直以来坚持不懈的实践探索。附中整体的文化建设规划，落实到各专业部门生根发芽，形成了强有力的文化依托。比如，附中的logo包含着小小舞者舞蹈梦的萌芽期，小荷才露尖尖角，舞姿轻盈，历经磨炼而破茧成蝶初展翅的飞翔愿景，更包含着翩翩少年成长过程中迎风旋转、青春绚丽的舞蹈生涯。各专业学科也根据专业特点集思广益，形成了富有学科标志和美好期许的logo和口号：芭蕾舞专业——历练非凡品质，成就艺术人生；中国舞专业——起舞行天下，不负锦绣年华；国标舞专业——激情 优雅 竞争 合作；歌舞表演专业——歌舞歌舞，能歌善舞，为青春高歌，为梦想起舞；音乐舞蹈综合方向——舞以修身，乐以育德，乐舞相融，明德惟馨。这些生动的极具专业凝聚力的文化标识带给学生内心独有的专业归属感和自豪感。

正是因为有这样的专业学科精神的文化引领，学生在老师带领下始终清晰"舞"为何，为何"舞"。近年来，附中舞蹈文化的大量输出，体现了新时代坚定不移地传承和弘扬中华优秀传统文化，传承和弘扬中华美学精神，坚守中华文化立场，把握新时代欣欣向荣的脉搏，以舞蹈艺术教育展现中华审美风范的办学追求。在国内，附中积极推进"一校一品 实践育人——高雅艺术进校园，服务首都，服务社会"。各专业学科积极发挥专业优势，与兄弟院校、普通中小学加强联系，输送舞蹈艺术，实现人才的全面培养任务。同时，附中积极服务国家，服务冬奥，跨界合作，联合培养花样滑冰人才；新中国成立70周年华诞盛典，附中近150名学子走进人民大会堂参加排练演出，历时三个月，孩子们不叫苦不叫累，井然有序完成学校、祖国交给他们的青春使命。这不仅仅是一个舞蹈者的专业技能展示，更是在以舞为本的基础上体现出来的艺术人才的良好素养。在国外，附中的中国舞师生远赴塞尔维亚参加"第三届中国—中东欧国家首都市长论坛"专场舞蹈演出活动，展示了中国古典舞的韵味和中国民间舞的广博；国标舞师生远赴英国黑池拿下的双冠作品《丝路·行》《月夜》，以中华传统文化为根基，以舞蹈展现中华民族的五千年智慧，一路飞舞。

我们发现，只有建立专业的归属感、在专业的铸就中才能打造学生成长的美好品质。通过完善专业文化建设，让学生在输入与输出过程中，深刻理解并践行一个舞蹈人所追求的知行合一的艺术境界。

"文为翼"为舞者插上飞舞的翅膀。吕艺生教授说过，我们的学生在他们四十岁以后，还能够获得可持续发展的力量，这才是教育的成功。因此，重视文化学习，狠抓学风建设，成为附中党政领导班子高度重视的问题。文化教学科大力开展"具有舞蹈艺术教育特色的文化教学模式"创建工作，抓内涵建设，力图弥补艺术中专文化课时有限的问题，进行基础知识与拓展知识的整合，抓教学计划、突出备课在教学环节中的重要性、重视教学反馈、提升教研质量、创新教学活动（中秋诗会、英语比赛、作文大赛等）、探索开发校本教材，全力提升附中文化教学实力。

学校紧跟时代步伐，制定严格的早晚自习制度，实现文化强基。书记、校长带头值班，在每日晨读的朗朗书声中开启一天的学习生活。习近平总书记说过："一个人遇到好老师是人生的幸运，一个学校拥有好老师是学校的光荣，一个民族源源不断涌现出一批又一批好老师则是民族的希望。"在学院的大力支持和校领导班子的强势推动下，附中已经打造出一支有活力、肯钻研、业务能力强的文化课教师队伍。老师重备课，也要了解、观察学生的特性。比如芭蕾专业学生基础知识扎实，拓展能力偏弱。再比如技巧课后面不能讲新课，以复习为主；民间舞课后学生兴奋，是推新课的最佳时期；等等。因此，近年来附中学生的文化课学习整体状态良好，高考成绩近几年来平均分都在 400 分左右，高出艺术类本科分数线 50—60 分，史上最高分是 621 分，2018 年最高分是 570 分，2019 年最高分是 557 分。

唯有文舞相融，在文化学习和文化建设方面营造良好的氛围，才能让学生充分感受到专业的归属感和成就感，学生在舞蹈实践中锤炼意志，修炼品格，才能实现真正的德艺双馨。

三、铸就舞人馨德

文化体验深邃绵长、身体培养感性生动、行为养成润物无声，这三点构成了附中整体的精神风貌。树人先铸魂，学舞先修德。在充分落实"立德树人"任务的过程中，附中积极探索和践行习近平总书记提出的"强调知、情、意、行相统一"的教育理念，在教学和社会实践中由表及里，内化于心，外化于行。

知为前提。"知"是一个认知过程，是实践的前提，因此，"明德"至关重要。中华文化丰厚广博，古国的文明、现代的情怀都与传统美德和人民的智慧勤劳密不可分。艺术家通过各种形式阐发文化，体现文化，其根基在于塑造一种"德"的外化。在这个浮躁的时代，网络冲击给中职学生带来巨大的发展诱惑和挑战。对于一夜成名的渴望，对于红得发紫的期待，都会影响个人艺德的修炼，而多少艺人的德不配位断送了发展的大好前途。因此，中职学校的课程思政工作是培养艺德的主渠道，于无声中润物，融盐于水，让学生明德立德。

情为关键。人们的情感驱动会极大地调动个人的主观能动性。对美好品德充满感情的人一定会在日常学习和生活中自觉地塑造自己。为激发和调动学生爱国爱校爱舞蹈的真情和热情，附中积极推进团学队伍建设，用党带团活动引导优秀学生骨干的发展方向，拓宽学生爱国主义教育渠道，从校内的讲座到校外的红色革命根据地研学，在形式和内容上都给予学生最大的历史认知和情感冲击。以优促学，以学促学，附中在着力培养学生丰富的舞蹈人情感方面成果显著。

意为保障。如何能让美好品德的修炼成为终身的事业，在青少年"三观"形成关键期的中职阶段，这种浸德教育尤其重要。面对纷繁挑战、自我惰性等种种影响，独立性、果断性、顽强性和自制力等意志品质的锤炼必不可少。所谓知易行难，附中党政领导班子以高度的责任心，持之以恒的耐力和毅力，常态化落实班会、团课等活动，带领师生落实理念，静待花开。

行为归宿。行为在教育教学过程中要求的是立规矩、强修养。古人说："修犹切磋琢磨，养犹涵养熏陶。"意思是说，修养虽然看不见摸不着，却要在一切行为实践的切磋琢磨和涵养熏陶中获得。学校的"文明礼仪教育""图书角建设"等工作常态化、细节化，让每一张床、每一个教室、每一层楼都有随处可见的图书,打造书香校园,营造文化氛围。此外,附中大胆实践,策划学生校外研学活动,从京郊走向水墨徽州,感受氤氲江南,感受劳动的快乐与辛苦,感受传统茶文化的博远;梦回大唐,走进长安,在磅礴的舞蹈里看盛世,在静默的兵马俑前感受奔腾而来的大国气象。那种走出校门的一言一语、一举一动都代表教育品质的集体锤炼,也让学生更加关注自己的行为修养。

"新冠"疫情为中职舞蹈教育带来新的挑战,我们更需要突破固有的教育思路和模式,进行更多积极有意义的探索。

发挥党团引领作用 构建"担当育人"体系

高 琪

摘 要：新时期中职教育要充分发挥党团引领作用，加强理论学习，实现师德师风建设的常态化；加强德育工作，实现全员育人探索的长效化；加强组织领导，实现师生共建美好校园体系化。在新时代背景下，充分调动全员参与，全方位把握，构建"担当育人"的良好体系，为祖国培养更多的有用人才。

关键词：党团引领；师德师风；全员育人；美好校园；担当育人

在以习近平新时代中国特色社会主义思想指引下，附中德育工作者必须深入思考"培养什么人、为谁培养人、怎样培养人"的问题，充分发挥党团引领作用，全面构建"担当育人"体系，引导学生成人成才。

一、加强理论学习，师德师风建设常态化

理论学习要常抓不懈，用最新思想武装教师头脑。党员教师更要注重加强政治学习，深入学习党的十九大精神，学习习近平新时代中国特色社会主义思想，坚持用党的科学理论武装头脑、指导实践、推动工作；学习《廉政准则》《关于领导干部报告个人有关事项的规定》《党政领导干部选拔任用工作责任追究办法（试行）》等一系列加强党风廉政建设的规章制度，不断增强"四个意识"，坚定"四个自信"，做到"两个维护"。

基层支部要认真抓好"不忘初心、牢记使命"主题教育。在学院党委和附中党总支的指导下，歌舞教学科党支部及时制定《关于开展"不忘初心、牢记使命"主题教育的实施方案》，明确主题教育的三项重点措施，并对主题教育进行解读，引导党员干部对照党章党规，对照初心使命，查摆自身不

足，查找工作短板，深刻检视剖析。对主题教育查摆出的问题剖析原因，通过主题党日、志愿者服务活动，以实际行动践行初心使命。同时，加强支部理论学习，做好学习计划安排，明确学习要求，确定重点题目，坚持集中学习与个人自学、通读文件与专题研讨相结合，每周落实安排固定时间学习，集中组织学习研讨，每位支委联系思想和工作实际，做好典型发言，做好学习笔记。结合学校特色和支部专业特点，制定相应的党员学习计划，细化学习方案，组织党员进行微党课学习，落实好"三会一课"制度，坚持支部书记上党课，支部委员带头学、带头讲、带头做的"三带头"制度，把政治理论学习落实到实处。

认真落实党风廉政建设责任制和党内民主生活会制度，建设团结、和谐的领导班子，不断改善作风。开展师德建设主题实践活动，探索建立师德建设、作风建设的长效机制，营造良好的教书育人氛围。党支部围绕学校中心工作和重点工作，把德育工作摆在教育的首位，把校园文化作为对学生进行教育的"隐性课程"，让校园处处会说话，学生处处受教育。

教书育人是学校的中心工作，教师要引导学生树立正确的人生观、价值观。首先，做好教师的思想教育工作是第一位的，抓好日常的教师政治理论学习，引领教师做到专业教学与学生德育一起抓，在重视课程教学的同时，德育工作也要做到渗透落实无死角。要重视抓好教学内容的确定性和稳定性，引导教师树立牢固的德育意识，基于课堂主阵地选择具有教育意义的内容，挖掘和分析德育因素，不断优化教法，结合专业特点在教学中渗透德育。歌舞专业的课程包含舞蹈、声乐、台词表演三大门类的课程，教学中的德育渗透能够促进学生审美能力的提升，"寓教于情"中陶冶学生情操，使其在真善美的不断追求中形成正确的人生观、价值观，实现自身综合素质的完善。

二、加强德育工作，全员育人探索长效化

规范学生行为，使其遵规守纪。在专业学习过程中，教师要坚持用规范性、统一性、强制性要求强化学生的行为规范意识和纪律意识。针对当前学

生吃苦精神不足的实际情况，教师在教学过程中要用一些艺术家通过刻苦获得成功的故事激励他们，让学生明白吃苦是专业学习必然要经历的过程，在枯燥、反复、长期的舞蹈练习和身体酸痛感中，在声乐、台词技术的不断磨炼中，激发与培养学生的坚韧品质和拼搏精神。教师还要充分利用公众号等宣传平台，积极传播正能量，引导学生在奋斗中释放青春激情；适时组织开展各种有教育意义的活动，丰富学生的课余生活，让学生在活动中收获成长。

德育工作不能只依靠教师孤军奋战，还要与家长合作，实现家校共同育人。教师要善于凝聚教育智慧，汇合创新动力，建立班级家委会、学科家委会，有效把握学生成长动态，给予学生更加及时到位的指导，提供育人实效。

三、加强组织领导，共建美好校园体系化

加强党对班主任队伍的领导。班主任是连接学校与学生的重要纽带，站在学生工作的第一线。加强党对班主任工作的领导，积极展开班主任的思政学习、日常培训和经验交流，在常态工作中全面提升班主任的德育能力，从而更好地贯彻学校的办学要求。2020年新春伊始，面对全国突发的"新冠"疫情，学科按照学校关于疫情防控工作会议精神和工作部署，迅速响应，多次召开会议学习上级相关会议、文件精神，切实提高政治站位。学校组织班主任通过微信、钉钉、班级群每日关注学生的健康情况和移动动向，做到日日关心到每个学生。

加强对党员教师的领导，充分发挥战斗堡垒作用和先锋模范作用。大事难事看担当，在关键时刻，党支部和党员干部坚决扛起政治责任。支部常规的学习从线下转到线上，党员教师们时刻与党保持步伐一致，"我是共产党员"的身份意识和使命担当成为一种本能反应。全体党员教师在工作中尽显担当本色，无论克服困难投身社区防疫工作还是做好线上教育工作都尽职尽责。同时，党支部加强对党员先进事迹的宣传宣讲，让奉献成为常态，人人争做奉献者。

加强对团学组织的领导。团学组织是学生中的先进组织，党支部充分指导团学组织发光发热，通过党带团活动加强学生的思想理论学习，提高他们的思政水平，理解青春少年的使命担当，发挥青春少年的榜样作用。共产主义青年团是党的后备军，团学干部们在日常学习活动中积极投身组织建设和各项活动中，通过特色活动理解规章制度，通过策划活动实现学以致用。团学干部是同学中的先进代表，要通过他们实现"以学促学"，真正实现学生的自我管理，进而形成良好的进步学生发展体系。

党团在师生间充分发挥引领作用，能最大化凝心聚力。教师团队在党的带领下更加明确育人方向，在工作过程中采取行之有效的方式指引学生成长。团学队伍的成长和卓越，在学生中充分发挥榜样作用，带动同龄人向着更好的方向发展。

参考文献

[1] 石亚琼、牛文慧：《基层党团建设的一体化模式研究》，《吉林省教育学院学报》2019年第8期。

[2] 谢飞：《基于构建高校共青团大学生分层分类思想引领工作体系视角下基层党团建设一体化模式研究》，《现代经济信息》2018年第10期。

[3] 胡俊建：《党建引领团建　党团共建结硕果》，《兵团建设》2010年第17期。

[4] 郝敬虹、李静如、沈娜、靳银、张明港、王绍辉：《高校学生"党团共建"管理机制的有效途径》，《管理观察》2019年第25期。

舞蹈专业课程的思政教育探索
——以《荷花舞》为例

栗　立　贾晓泽

摘　要：中等职业舞蹈教育应当在专业教育中积极挖掘思政基因，实现润物无声、潜移默化的课程思政教育。本文以戴爱莲先生创作的经典剧目《荷花舞》教学为例，以笔者的教学实践为基础，分别从教研准备、课堂实践、教学反思三个方面深入探究在《荷花舞》教学过程中激活思政教育血脉的具体实施路径，以期达成课程思政教育如盐在水般的育人目的。

关键词：《荷花舞》；课程思政教育；舞蹈专业教育

"要用好课堂教学这个主渠道，各类课程都要与思想政治理论课同向同行，形成协同效应"，这是习近平总书记在全国高校思想政治工作会议上所强调的。如何将专业教育与思想政治教育看似"两张皮"的教育有机地融合起来，更深入挖掘两者的内在联系，是新时代舞蹈教育工作者面临的问题和考验。

北京舞蹈学院附中的传统教学剧目凝练着厚重的文化积淀、理想情怀与育人内涵。笔者通过对中国古典舞《荷花舞》教学中思想政治教育基因的挖掘和提炼，激活蕴含其中的"思政底蕴"，将纯专业教学向课程思政教育、学科德育转型，真正落实立德树人根本任务。

一、思想政治教育走进专业教研

舞蹈专业教师要了解学情，才能精准施策，因材施教。中专阶段是培养理想信念、思想情感的最佳年龄。课程思政教育指向专业教学目标中的"情感态度与价值观"维度,充分体现了"育人为本、德育为先"的教育价值观。所谓"情动而言形,理发而文见",只有教师与课程产生情感共鸣,才能将课程内容转化成具有感染力的教育语言与教学文本。

《荷花舞》是戴爱莲[①]先生创作的经典剧目,是附中中国舞专业二年级学生的必修内容。从1953年创作至今,该作品已被我校一代又一代的中国舞人学习、传跳。作为《荷花舞》的传承者、践行者以及教授者,笔者在《荷花舞》的教研过程中对于作品的内涵做了更加深入的挖掘,在此基础上确定教学目标,把握育人方向,也生发出深厚的情感共鸣。

(一)爱国情怀的共鸣

《荷花舞》的创作者是被誉为"中国舞蹈之母"的戴爱莲先生。戴爱莲先生是我校第一任校长,是新中国舞蹈教育发展的重要推动者,为新中国培养了一批有相当水平的舞蹈人才。她一生对舞蹈教育教学都饱含深情。北京舞蹈学院建校50周年之际,戴爱莲先生不顾年事已高,依旧不辞辛苦地指导附中学生排练《荷花舞》和《飞天》[②]剧目。这两个剧目都是戴爱莲先生在新中国成立初期创作的经典舞蹈,向世界展示出了中国舞蹈艺术的魅力。笔者曾作为一名附中四年级的学生被选中演绎《飞天》,有幸得到戴爱莲先生的亲自指导。记忆中,戴爱莲先生如莲花般清雅,虽白发苍苍却对每个舞蹈动作都牢记于心,对我们的动作细节严格要求,火眼金睛,于细微之处体现出严谨育人的风范。排练《荷花舞》时,许多教师和学生一起观摩学习戴先生的风采,而笔者也趴在教室外面的窗户上,看着戴爱莲先生给师妹们排练《荷花舞》。戴先生一边讲一边用手不停示范,眼睛中饱含的那种敬畏艺术、热爱舞蹈的光到现在都照耀着一代又一代的舞蹈人。戴爱莲先生最令

[①] 戴爱莲(1916—2006):舞蹈艺术家、舞蹈教员、编导家,中国当代舞蹈先驱者之一。
[②] 《飞天》是1955年戴爱莲先生继《荷花舞》后创作的又一被评为20世纪经典的作品。《飞天》是中国舞坛上第一个展现唐代敦煌艺术珍品的双人舞,并在世界青年学生和平友谊联欢节上获奖。

人敬佩的是她作为一名华裔，在1937年抗日战争期间，毅然决然回到祖国，多次为抗日集资义演，创作演出了一批具有鼓舞抗战、唤醒民族意识的舞蹈剧目，用艺术形式表达了中华民族的抗战决心。戴爱莲先生饱含一颗爱国之心，为抗日战争、共产党的文艺传播以及新中国舞蹈事业的奠基和发展做出了卓越贡献。2005年，她于病榻缠绵之际面对鲜红的党旗宣誓，成为了一名光荣的共产党员。

戴爱莲先生从未停止过为党、为国家、为人民创作的脚步。新中国成立之初，百废待兴。1952年我国召开亚洲、太平洋区域和平会议，周恩来总理提出排一个《荷花舞》，作为我国与印度友好邦交的礼物。1953年为参加世界青年学生和平友谊联欢节，在周恩来总理鼓励下，戴爱莲先生以陕北民间舞《走花灯》为基础创作了《荷花舞》。《荷花舞》展现了一群拟人化的荷花姑娘以圆润流畅的舞步徐缓移动、变化各种队形的舞台画面，形成浮游流动、涟漪层起的意境，塑造了亭亭玉立、出污泥而不染的高洁、美丽形象。舞台上的荷花姑娘不仅焕发着青春朝气，表现出一种大自然的恬静、秀丽、纯真的美，而且在伴歌"蓝天高，绿水长，莲花朝太阳，风吹千里香。祖国啊，光芒万丈，你像莲花正开放"的陪衬下，用荷花的向阳开放比喻祖国欣欣向荣的生活即将到来，表现出戴爱莲先生对祖国的热爱和歌颂，也寄托着中国人民对和平、幸福生活的向往，饱含了戴爱莲先生对祖国新生的赞美之情。

这样的爱国情感是非常难能可贵的。笔者在挖掘《荷花舞》创作背景的同时也被戴爱莲先生的一颗赤子之心所感动。戴爱莲先生"以舞报国"的一生正是社会主义核心价值观的生动实践。爱国主义教育自然而然地成了这一剧目的重置中的关键一环，从而将课程思政教育要求的以"政治认同、国家意识"为重点的顶层内容构架潜移默化地融入专业课程中。

（二）传统文化的积淀

众所周知，中国古典舞蹈的审美意蕴植根于深厚的中华文化沃土中，中国古典舞蹈的精神气质和格调风韵经常从中华传统文化中汲取营养。《荷花舞》以"荷花"这一中国传统审美对象作为舞蹈意象。笔者在意象解读中感受到了厚重的文化内涵和精神力量。

首先，笔者提炼了"高洁"的荷花精神融入教学。"荷花"的别称有"莲花""芙蕖""水芙蓉"等，自古以来就是中国传统文人笔下的"娇宠"。它有着"清水出芙蓉，天然去雕饰"的自然清新、质朴明媚；也有"惟有绿荷红菡萏，卷舒开合任天真"的天真脱俗，不媚于世；更有"碧圆自洁。向浅洲远渚，亭亭清绝"的天生净洁，清丽绝伦。自北宋周敦颐咏出"出淤泥而不染，濯清涟而不妖"的名句后，荷花高洁的象征意象逐渐定型，被世人称为"君子之花"。《荷花舞》所塑造的亭亭玉立、不染尘俗的荷花形象是高贵清雅、美好情态的凝练与写照，同时象征舞者对高洁理想和美好幸福的向往。这种"出淤泥而不染"的高贵品质是中国传统文化中的精神瑰宝，也是文艺工作者应当追求的精神状态。笔者认为，中专阶段正是附中学子树立人生价值、职业理想的成长关键期，应当着力培养学生具有荷花般的高洁品格，立志成为一名高尚纯洁的文艺工作者。

其次，笔者挖掘了以"和"为主的荷花文化来渗入教学。"荷"与"和""合"谐音，传递着中华传统文化中一个重要理念，那就是"以和为贵""协和万邦"的和合文化，这正是中国文化中最具生命力的组成部分，是几千年中国社会发展的重要思想动力。从这一层面来说，"荷"又象征着和美、和谐、合力与合作。孔子说："君子和而不同，小人同而不和。"求同存异、对立统一才是平衡与和谐。《荷花舞》中，戴爱莲先生运用了拟人化的形象塑造。白荷仙子与粉荷仙子们的聚散摇曳、交织映衬使舞台呈现出一片粉荷盈盈、白荷皎皎、各美其美、美美与共的和谐之美。多姿多彩的荷花各不相同，但共同成就了荷塘美景，将中华文化中"以和为贵""和而不同"的美表现得淋漓尽致。笔者认为，"和"文化在舞蹈中的内在体现，即要求学生表演时要"不蔓不枝""不骄不躁""不媚不僵"。"和"是恰如其分之美，无论是气息、神情、动作、调度都应该磨砺得恰到好处，助力学生理解人与舞蹈的和谐、人与自然的和谐、人与社会的和谐，从而达到"遵道崇德、天地人和"的思想境界。

习近平总书记指出:"我们要坚持道路自信、理论自信、制度自信,最根本的还有一个文化自信。"何谓文化自信?文化自信是一个民族、一个国家以及一个政党对自身文化价值的充分肯定和积极践行,以及对自身文化生命力持有的坚定信心。中华优秀传统文化应当融入教育教学中,沉淀于学生的气韵和品格中。《荷花舞》正是将中华优秀传统文化融入了塑形、塑魂之中,让学生获得坚持坚守的从容,鼓起奋发进取的勇气,焕发创新创造的活力。

二、思想政治教育融入专业课堂

作品的情感基础和文化积淀作为德育元素会贯穿整个教学,同时也会潜移默化地影响教师对作品内涵的深层认知。在教学中,知识的传授、能力的提升和价值的引领,这三者密不可分,需要同步提升和实现。它们既是新时代专业教学的目标元素,也是检验教学完整性的重要标准。舞蹈教育的课程思政教育不是空中楼阁,需要将专业教材中的德育元素凝练出来融入教学中,使之如同涓涓细流注入学生的身心。

(一)感知形象,由心起舞

剧目排练最重要的内容就是塑造形象。所有的舞蹈动作都是刻画形象、抒发情感的载体。只有外在的"形",而没有内在"情"的支撑,舞蹈动作就毫无意义。如何将动作与情感相统一,达到中国古典舞追求的形神合一的表演境界?我认为,有感而发地起舞是关键。因此,帮助学生建立感觉是非常重要的教学过程。在《荷花舞》排练初期,笔者以社会主义建设为创作背景进行教学导入,介绍戴爱莲先生的爱国主义情怀。当学生们了解了戴爱莲先生的创作初衷和以舞报国的思想精神后,我播放了《荷花舞》的经典片段,使学生初步感知舞蹈的形式和变化,指导学生赏析《荷花舞》的风姿雅韵,感受中国古典舞蹈的意蕴和戴爱莲先生的爱国情怀。此外,笔者还搜集了许多图片和视频资料,比如1953年中央歌舞团第一版《荷花舞》的原版视频和图片。在原版的视频中,舞台是镜面的,而且舞美的设计中有蓝天、绿树等，非常有大自然的气息。演员们在台上舞蹈就像荷花在水中摇曳一样，很容易将学生带入舞蹈所需要的情境中，帮学生建立环境感。由于原版视频比较陈旧，不够清晰，笔者就引导学生通过图片捕捉当时演员表演时的神态，使学生比较仔细地观察到在作品创作的时代人们脸上洋溢的那种由内而外的幸福感。笔者还让学生欣赏了著名画家叶浅予先生创作的《荷花舞》，画中舞者婀娜的身段和飘逸的衣衫帮助学生感受到荷花仙子的古典美感和仙气，丰富了学生对荷花的想象。教师在舞蹈排练中利用多媒体手段和丰富多样的课程资源，可以加速学生进入作品情境、捕捉作品形象的过程，也可以充分调动和发挥学生的想象力，启发学生独立思考的能力，为其日后"由心起舞"起到铺垫作用。

（二）专业为本，思政交融

《荷花舞》排练过程中的教学难点，在于学生缺乏舞蹈技巧与思政学习的结合体验，而德育元素又必须附着在专业技巧的落实上才能自然而然地生发。因此，教师需要在身体语言的具体表达技法中，在作品的人、境、情三者关系里，对应中国古典舞的形、神、韵，强调气韵与身法的关系，注重在意、气、力的配合运用中引导学生感知作品的意象和精神。

《荷花舞》一直是我校学生进入专业舞蹈学习的第一个中国古典舞剧目。它之所以能够作为"开门戏"被固定为必修内容，是因为《荷花舞》中蕴含了许多中国古典舞典型的身体运动规律和表现方法，比如提、沉。提、沉在角色塑造当中和剧目运用当中具有多种不同的运动方式。在体现微风拂面、水面微波荡漾的意境时，提、沉要自下而上将呼吸运化全身，注意腿部提的抻劲和沉的稳当，使得步伐在画面流动中呈现出祥和之感；在体现荷花在水中摇曳的气韵之美时，提、沉在躯干的弧线运动和手臂的三节运动中，由根至梢，将气息有层次地延续到头梢和手梢的外延，并且在提、沉之间的接口处，由呼吸作为引领，将身体的节节传导与气口的转换相错落，形成此起彼伏的效果，手臂和薄纱之间的飘逸感也就此产生，渲染出荷花在水中的飘然仙气与摇曳之美。

在作品中，戴爱莲先生通过多种步伐（圆场、云步、花帮步）的运用展现荷花在微风吹拂下漂浮的流动状态，"粉荷"与"白荷"的聚散交织渲染出阳光普照的祥和意境。笔者在教授过程中重点强调身法在步伐流动中的转换方法，在保证学生脚下圆场平稳的基础上，利用弧线动律的转换体现荷花摇曳变化的动态美感，同时对身体的"主随关系"和"身手关系"进行重点讲授，注重"粉荷"与"白荷"之间的队形变化与配合，力求在空间流动中呈现出风吹荷花的摇曳和谐之美。笔者通过学生对"意、气、力"的虚实运用和掌握，呈现荷花的高洁形象，将中华优秀传统文化落实到具体的舞蹈表演技法上。

除此之外，许多具体技巧的教学也可以引导学生感知其中的思政教育内涵。比如，笔者强调舞蹈中的凝神屏气，通过眼神的运用流露出对新生活的向往和幸福感，传达出建设新中国的信念与决心；笔者在"白荷出水"的教授过程中，突出由蹲到直的力量感，除了向上更强调向下的反力，衬托出中国人民站起来的艰辛和迎来新生活的不易，体现出中国人民经历困苦仍然顽强的品质等。教师在教学中要时刻将这些育人因素与具体的专业教学有机结合，通过具体的知识点教学将思政教育内涵真正体现出来，这才是建立在专业课程落实基础上循序渐进、和合交融的课程思政教育理念。

三、思想政治教育促进教学反思

笔者在教研的理论基础和实践的教学基础上对舞蹈专业教育落实课程思政教育的探索，既积累了一些经验，有了一些收获，也发现了许多问题。对于专业教学而言，课程思政教育看似是一个新提法，但实际上教书育人自古以来便饱含浓厚的"思政基因"。因此，教师应当沉下心来品味与提炼传统舞蹈剧目中的"思政基因"，在舞蹈教育教学中使学生进一步了解舞蹈作品深层的情感，挖掘舞蹈生发的背景，将情感态度和文化理念融入舞蹈技巧学习中，从而树立健康完整的人格。教育是春风化雨，思政教育尤其要尊重、依托学科特点和内涵，不能将二者生搬硬套、剥离开来。只有这样，思政教育才能真正落实在学生的技巧学习和思想进步中。

（一）"润物无声"的教授方式

在舞蹈教学中开展思想政治教育，需要教师在教材中深挖思政基因，将专业教学内容作为载体，通过生动感人的语言启发学生的想象力，帮助学生理解、捕捉和感受作品内涵，激发学生将舞蹈与思政主动串联，在舞蹈和思想层面有所收获，用自然而然的教学方式达到以舞育人的教学目的。例如，在教授《荷花舞》过程中，为了使学生们体会中国人民对伟大祖国的自豪和对美好生活的期盼，笔者让学生们在主舞段部分一边舞蹈，一边歌唱"蓝天高，绿水长，莲花朝太阳，风吹千里香。祖国啊，光芒万丈，你像莲花正开放"，既体会宁静祥和的悠远意境，又抒发对祖国新生的赞美与对和平幸福生活的向往。学生们在体会歌词中表达的思想情感的同时，边歌边舞，在乐感带动下加强舞感和动作的歌唱性，同时，歌唱时的呼吸也能加强学生对动作气力变化的捕捉。具体来说，当音乐高昂的时候，学生的气力一定是足的，是饱满的；在音乐柔和转换和气口的小节奏当中，对应学生动作的松紧转换，便于学生在动作中寻找起承转合和轻重缓急。在整个载歌载舞的过程中，学生更深入地感受作品内涵，不知不觉中受到爱国主义和社会主义先进文化思想的熏陶和洗礼。在歌声中，白荷与粉荷一齐翩然舞动，喻示着中国共产党领导全国人民共同努力，为新中国建设添砖加瓦，处处充满活力与朝气，呈现出一片生机勃勃的景象。再比如，学生们在搜集资料和感知荷花高贵形象的同时，也在不断受到中国古典审美的熏陶，将古典诗词和文章融入舞蹈教学，体会中华优秀传统文化的深层意蕴，提升舞蹈教育的思想内涵。

如盐在水，如春在花，如无却有，"润物无声"的舞蹈教授形式不着痕迹却有味道，能有效帮助学生建立对作品即时的情境体验，达到舞蹈教育塑形塑魂的教育目的，真正做到思想政治教育与知识技能教育的有机统一。

（二）"不忘初心"的教育传承

对于刚开始专业舞蹈学习的学生来说，《荷花舞》是比较适合学习和掌握中国古典抒情舞蹈的基本表演方法的教学剧目。作品中值得后人传习的，有戴爱莲先生创作初衷所蕴含的深厚的民族精神、人民意识和爱国情怀的"初心";有通过荷花所寓意的中华和合文化的"初心";还有"荷花"作为中华传统审美意象滋养舞蹈艺术的"初心"。学生在学习《荷花舞》的过程中感受到中国古典舞艺术特有的美和传递美的独特表达方式,体验传统审美和时代价值的思想碰撞,在由心起舞中坚守文化初心,坚定文化自信。这就是对"初心"的一种延续和升华。

秉承戴爱莲先生对中国舞蹈事业的那一份赤诚之心,继承和发扬中国舞蹈文化,传承经典作品和老舞校精神,是笔者结合自身工作对"不忘初心,牢记使命"精神的一种理解。"不忘初心,方得始终。"作为一名舞蹈教师,我的初心就是要正确引导和树立学生的专业理想与信念,努力为新时代中国培养具有先进思想、社会主义理想信念、传承中华优秀民族文化的合格文艺工作者。

参考文献

[1] 陈光:《追思〈荷花舞〉》,《舞蹈》1996年第3期。
[2] 戴爱莲口述,罗斌、吴静姝记录、整理:《戴爱莲:我的艺术与生活》,人民音乐出版社、华乐出版社2003年版。
[3] 中央芭蕾舞团:《我们心中永远的戴先生——纪念戴爱莲先生诞辰一百周年》,中国大百科全书出版社2016年版。

论新时代艺专班主任的德育素养

柳 倩

摘 要：做好学生德育工作是新时代艺专班主任的重要使命。新时代艺专班主任要做学生成长的引路人，做班级管理的当家人，做自我修养的明白人，不断提高自身德育素养，为落实立德树人根本任务，培养新一代德艺双馨的文艺工作者而努力。

关键词：艺专班主任；德育素养；班级管理；教师自我修养

建校60多年来，北京舞蹈学院附中一直是全国艺术学子们心目中的艺术殿堂，每年都吸引全国各地数万名考生报名。北舞附中也不负众望，多年来为国家培养了无数德艺双馨的艺术人才。这都源于北舞附中对于学生理想信念、道德情操、艺术追求的悉心培养。

一、做好学生成长的引路人

习近平总书记在党的十九大报告中强调"要全面贯彻党的教育方针，落实立德树人根本任务"，明确提出"加强师德师风建设，培养高素质教师队伍"。新时代艺专教师不仅要有扎实的学识、娴熟的教学技巧，更要有高尚的品德、育人的智慧。

首先，教师要引导学生立志成为德艺双馨的文艺工作者。舞蹈学院附中的学生德育工作要注重"德"和"艺"的融合。所谓"德"，不仅是道德品质，更重要的是艺术家的优雅气质和艺术精神，要具有对艺术的强烈信念。所谓"艺"，除了要培养学生的艺术基本功外，更重要的是让学生理解什么是艺术，如何发扬民族艺术，将全部身心奉献给艺术，让艺术走出国门，走向世界。对于一名舞蹈专业工作者来说，艺和德是不可分割的，必须做到相互统一，互相融合。其次，教师要以社会主义核心价值观为依据培养学生的爱国情怀。爱国是中华民族的光荣传统，也是对"四有新人"的基本要求。新时代艺专教师要对学生加强爱国主义教育，用自己的一言一行教育学生，感染学生，引导学生走上正确的人生道路。

当前艺术专业学生普遍存在能吃苦，但自控能力比较差；独立意识比较强，但集体荣誉感不强；自信心比较强，但也比较自负好胜；追求时尚，但生活上崇尚奢侈等心理特点。北舞附中的学生普遍都处于12岁到18岁之间，除了具有艺术中专学生的一些普遍心理特点外，还具有其他个性特点。首先，北舞附中的学生都是从全国各地万里挑一选拔出来的艺术苗子，专业素质普遍比较高，个性比较强，团队精神比较差；自信心非常强，自尊心也非常强，但抗挫折能力比较差，容易受同学影响产生自卑、嫉妒等负面心理。其次，由于12岁到18岁之间的中专生世界观、人生观、价值观普遍还没有完全形成，独立思考的能力比较差，因而容易受到他人影响，受到社会上一些不健康观念的影响。

面对国家和社会对艺专学生越来越高的培养要求，以及当代艺专生在心理和思想上存在的一些特点和问题，新时代艺专教师尤其是班主任更是肩负育人使命，既要研究学生成长规律和德育工作特点改进工作策略、提升工作品质，又要根据新时代的育人要求提高自我修养、完善人格品质，为培养未来德艺双馨的艺术人才而不断提高德育素养。

二、做好班级管理的当家人

新时代艺专班主任要自觉加强班级德育，做好班级管理的当家人，引导学生早立志、早规划，在艺术园地里早日成才。

（一）用爱心和耐心关爱学生

舞蹈学院附中的学生年龄普遍在12岁到18岁之间，正是需要关爱的年纪。班主任要用爱心和耐心对待学生，让学生感受到关爱。尤其是父母不在身边，班主任要能够给予学生关怀和依靠，让学生在异地他乡也能够有一种安全感。其次，班级管理应该遵循以人为本的理念。对于学生的错误，班主任既要指出来帮助其及时改正，又要能够做到宽中有严、严中有爱。最后，班主任不仅要关心学生的日常生活，同时对学生的专业训练等也要加强管理，让学生在日常生活中做到道德品质和艺术技能双提高。

（二）构建良好和谐的师生关系

北舞附中的育人目标是培养德艺双馨的艺术人才，为国家输送更多更好的专业人才。因此，班主任要加强班级管理。严格管理的前提是构建良好的师生关系。只有师生之间相处融洽，老师的用心良苦才能被学生真正听到心里。北舞附中的学生个性比较高傲，只有以德服人，学生才能够信赖老师。因此，班主任管理班级时不能只是搞"一言堂"，而是要通过构建班干部集体，充分发挥学生的自主性，共同管理班级。这样不但能够减轻班主任的负担，而且能够提高班干部的管理能力，也能够提高整个班级的凝聚力。

（三）帮助学生做好职业规划

北舞附中的办学目标是为社会培养更多的专业人才。学生只有通过扎实的专业技能练习，才能为将来走上社会奠定坚实基础。但是，北舞附中的学生对未来的职业发展和职业规划比较迷茫，自然都志在走艺术之路，但具体如何去做还不明确。因此，班主任可以通过给学生讲述一些前辈们的案例，激励学生勇敢地去追求自己的艺术理想。

（四）加强班级文化建设

班主任应加强班级文化建设，引导学生树立正确的人生观和价值观。通过组织学生到养老院、孤儿院参与慈善义演，让学生走进社会，感受不同的人生。同时，班主任要对学生加强道德榜样的教育。比如，2020年"抗疫"期间，无数奋战在一线的英雄人物都是德育非常好的样板。另外，对于班级当中的优秀学生，班主任要及时鼓励和赞扬，进一步激发其努力学习的信心。

三、做好自我修养的明白人

"学高为师，身正为范。"教师的表率作用对学生的成长有着特殊的影响。教师是社会文明的引领者，也是社会的道德榜样。教师不论何时何地对于学生来说都是无声的引导。因此，新时代艺专教师要加强个人修养，做专业成长的明白人。

（一）要自尊自爱，加强教师道德学识修养

古人云："其身正，不令而行，其身不正，虽令不从。"在市场经济条件下面对各种各样的诱惑，班主任要坚持正确的价值观和人生观，坚持自尊自爱，不断加强自身的道德学识修养，在学术和教学上给学生一个好的示范。

（二）要以身作则，自觉遵守教师职业道德

教师是太阳底下最光辉的职业，因而要遵守基本的职业道德规范，严格要求自己，时刻谨记立德树人的光荣使命。在本职工作中，班主任要将育人作为自己的主要业务，而非随波逐流，也不能为了一己私利损害学生利益；时刻要以班级管理为工作重点，给学生以好的榜样，让学生以老师为道德模范潜心训练，不断提高艺术水平，而非着急走入社会。

（三）要通过自身经历，对学生成长进行正面引导

中专学生正处于人生关键期，对社会开始有自己的看法，有自己的观点，对老师也开始产生质疑。作为教师而言，要让学生信服，除了要有较高的学历和较高的理论水平外，要能够让学生看到教师专业的一面。教师也可以借助自己的人生经历，与学生分享人生体验，引导学生更好地看待人生，树立正确的人生观念。教师可以主动分享自己的人生，主动跟学生谈心，而非一味说教。这样的教师才是受学生欢迎的教师。

（四）要加强自我学习，提高自身综合素质

班主任不仅要加强专业知识，也要加强语言表达能力，同时还要加强对文、史、政、地、艺术等方面学科知识的了解，要让学生感到班主任的博学。班主任需要增加知识积累，尤其对心理学知识要加强学习，要善于运用心理学知识对学生开展个案辅导或团体辅导，帮助学生形成正确的世界观、人生观和价值观。班主任还应该具有创新开拓意识，科学地管理班级，真正发挥管理艺术的魅力。班主任处理班级事务要有严有宽，理智对待，灵活解决问题。

总之，新时代艺术中专学校班主任的工作难度较大，任务较重。班主任一定要具备高度的责任感和使命感，运用正确、科学的方法教导学生，才能为国家培养出更多更好的德艺双馨人才。

参考文献

[1] 董传芳：《新形势下提高中职班主任德育工作效率的措施探讨》，《新课程研究（中旬刊）》2016 年第 10 期。

[2] 徐明华：《借势"互联网+"打造中职德育课堂新生态》，《福建教育学院学报》2016 年第 5 期。

[3] 王伟华：《新形势、新问题、新路径：加强中职德育实效性的思考》，《职教通讯》2017 年第 13 期。

[4] 肖玉：《新媒体环境下中职德育的机遇、挑战与对策探析》，《职业教育研究》2017 年第 8 期。

论班级建设中的凝聚力建设

陈思宜

摘　要：班级建设是班主任的重点工作，其中，凝聚力建设在班级建设中尤为重要。本文结合学校实际情况，从制度建设、班心建设、沟通机制建设和班级文化建设等方面谈谈关于班级凝聚力建设的一些体会与思考。

关键词：班级建设；凝聚力建设；班心建设；班级文化建设

凝聚力建设是班级建设的重中之重。试想一下，一个没有凝聚力的班级会是怎样的涣散，学生会因此缺少班级归属感，没有集体荣誉感，还会影响学生的进步。通过良好的师生沟通，加之有形的制度对学生进行约束和管理，并结合学生情况因材施教，可以有效地提升班级凝聚力。本文结合学校实际情况，从制度建设、班心建设、沟通建设及文化建设等方面谈谈关于班级凝聚力建设的一些体会与思考。

一、加强班级制度建设

加强班级制度化建设，对于加强学生自我管理，提高班级管理效率，促进良好班风形成具有重要意义。附中学生工作的制度化建设，是对落实我校"以文化人，以文育人"办学理念的有力保障。加强制度化管理，要强调规范化和实效性。一个班级同样要用相应的秩序与规则来维系。明确班级管理行为标准，不是为了对学生进行过度监管，而是在"育"中融入"管"，实现"管""育"结合。班主任要让学生明确相应的班级管理规范，一旦出现问题，可以针对其行为对标规范进行相应的教育，且对所有学生都要一视同仁，从而以明确的班级管理制度带动班级文明风气建设。

作为一名班主任，应当利用好班级管理中的若干"第一次"。班主任要充分利用好第一次班会课，形成班级凝聚力；要利用好第一次德育课，彰显班主任的人格魅力；要利用好第一次获得的班级荣誉，形成集体荣誉感；要利用好第一次处理学生违规，形成学生良好的纪律意识和规范意识。

班级形成独有特色，有助于提高班级管理的有效性。当然，特色班级的筹建需要班主任前期付出大量的努力。比如，我发现班里学生思辨能力较强，于是鼓励学生参加班级、学校或区域性的辩论赛和演讲，锻炼班级整体辩论能力和思维能力。我也曾利用课余时间让学生进行才艺展示，增强同学间的相互了解，鼓励学生多方面发展。

二、做好"班心建设"

什么是班级的心呢？我想就是班级的凝聚力。这是班级力量的源泉。我把这个心分成两部分，一部分是班干部和所有学生的心，另一部分是班主任的爱心，只有把这两部分提升起来，那些管理班级的方法和技巧才能够派上用处。

对于班级所有学生来说，班主任要在强有力的班级制度保障下，组织开展多角度多维度的学生活动。每次学生活动都会有力提升班级的凝聚力。有时候，班主任和任课老师常常抱怨活动太多，担心会耽误学生学习。其实我所说的活动，不是领学生漫无边际地傻玩，而是有理有据、有目标地带领孩子活动。这就要求班主任们花一些心思去设计活动，活动完成后还要总结得失。这样，班级凝聚力就能在无声无息间慢慢提升起来。其实，这是老师和学生都看不见、摸不着的，是一点一点积累起来的。

对于班干部团队建设来说，我们经常会因为班干部没有完成交办的任务而对其劈头盖脸一顿猛批。其实，关键不是班干部履职出现了问题，而是班主任如何处理这些问题！我想，履职中出现的问题其实是班干部培养的催化剂，同时也能优化班级管理系统。班主任刚开始给班干部分派工作，不是让孩子们茫无边际地乱做，而是在他们独立思考后给予一些有效帮助和指导。有人或许会说，这样做会扼杀学生的创造力。我以为，行动的方向比盲目的行动更重要。只有当学生懂得和学会最基本的管理方法，他们的管理能力才会得到培养和提高。我通过一次次活动、一次次指导、一次次总结和反思，和学生一次次地创新管理方法，班干部的管理能力逐渐被培养起来了。

孩子的心理敏感、脆弱，需要细心呵护。因此，班主任对待所有同学必须一视同仁，且不能以分数作为衡量学生的唯一标准。班主任要经常深入观察学生的思想动态，和学生交流了解班级情况，对表现优秀的学生要及时表扬和鼓励，对学生的过错要早发现早解决。有时班里学生犯了错，班主任不用直接戳穿，循循善诱，等孩子主动承认，这样不仅可以增加彼此的信任，还有利于管理好班级。没有了不和谐因素，班级就成了温馨的大家庭。

三、建立良好沟通机制

好教育离不开教师与学生的真诚交流。班主任只有与学生建立沟通的桥梁，才能真正帮助了解学生的思想动态。建立良好的交流互动机制，有利于拉近学生与教师间的距离，有利于培养师生真挚感情。除了与学生建立良好的沟通机制，班主任还应与家长取得联系，争取家长的支持与协作，从学校、家庭两个方面掌握学生基本情况，适时给予学生相应的引导，多方加强对学生思想品德的培养，促进学生发展与进步。

在班级建设中，每个学生都非常重要。因此，班主任要注重学生个体差异，注重因材施教，不能用同一种标准和沟通方式面对不同学生。如面对较为自卑、胆小的学生，班主任应积极鼓励他们参与活动；面对较为任性、自我的学生，班主任应该培养学生间的互助友爱情感；而当学生行为不恰当时，班主任应严厉纠正和制止，并且耐心指导。当然，沟通也要注意方法。班主任要学会控制情绪和把握时机处理问题，这样就会收到事半功倍的教育效果。

四、加强班级文化建设

班级特色文化具有一种无形的教育力量，是学生最直接、最重要的影响源之一，很大程度上影响和决定着学生的素质提高。班级文化是学校师生通过教育与教学活动，所创造和形成的精神财富、文化氛围，以及承载这些精神财富、文化氛围的活动形式和物质形态。建设班级文化，就是要让班级的每一堵墙都会说话，每个角落都能传情启智，把每一堵墙变成无形导师，让每个角落成为文明源泉，让平凡的教室成为无声胜有声的教育风景线。"环境造就人"，班级的文化环境对学生是一种潜移默化的熏陶，对学生的成长发挥着举足轻重的作用。

班级文化包括班级目标、班级舆论、班级风气，一日常规、课室常规以及各种奖惩制度，名人名言以及班训等内容。建设班级文化，要在以下三个方面用力。一是从小处抓好思想文化建设。例如，我们的班风是："志存高远，立于足下，谦而不卑，奋进不馁"；我们的班训是："生活开心、学习细心、交友真心"；我们班级的建设目标是"做最好的自己"。二是做好教室环境的美化。美的教室环境能给学生增添生活和学习乐趣，消除学习疲劳，更重要的是有助于培养学生正确的审美观，陶冶学生的情操，促进学生奋发向上。优美的教室环境可以增强班级的向心力、凝聚力。因此，班主任应重视教室环境的美化，力求让教室的每一面墙壁都会"说话"。三是创建积极的学习风气。学生的首要任务是学习，良好的学风有助于学生主动积极投入学习生活。班主任应倡导并推动班级形成"严谨、进取、求实、创新"的学习风气，并具体化为各项学习要求，如作业情况、上课注意事项、自主学习情况等，使学生做到有章可循。班级文化建设没有统一模式，却有统一要求。它应该根据学生的实际、班级的特点，创造性地形成班级特色。

附中学生的专业学习是一件既需要付出脑力更需要付出体力的"苦差事"。我们的学生来自五湖四海，入学年龄基本都在11—13岁间，大都寄宿学校。因此，班主任的责任心和整个班集体建设就显得尤为重要。试想，当家长满怀希望把一个个孩子送到学校，交给老师的时候，我们的肩上被赋予了多么重的责任和使命啊！我想，作为一名班主任，我们唯有不断思考和观察，想办法，不敢松懈，才能完成这项光荣的育人任务，才能把这些孩子培养成国家和社会所需要的合格的文艺人才。

参考文献

[1] 金维波：《班级德育管理重在凝聚力建设》，《新课程（中旬）》2018年第12期。
[2] 任虹、史婧儒、杨欢：《浅谈高校班级凝聚力建设》，《才智》2016年第35期。
[3] 饶爱鹏、胡辉、饶静：《浅析班级制度文化建设》，《才智》2012年第35期。
[4] 温路路：《浅议高等学校班级制度建设》，《知识经济》2013年第9期。
[5] 陈琳：《现代班集体建设初探——特长团队式班干部组织》，《教育界》2016年第26期。
[6] 周明墩：《班级建设的重要因素——班主任及学生》，《读写算》2018年第6期。
[7] 肖永春：《建设和谐班级从沟通开始》，《教学与管理》2019年第20期。
[8] 赵英欣：《浅谈班主任如何和学生有效沟通》，《文理导航·教育研究与实践》2016年第2期。

论班主任的专业情感素养

刘 丹

摘 要: "教育是一个灵魂唤醒另一个灵魂。"作为一名人民教师,我认识到,只有完善的人格才能影响和塑造健全的人格,为此,我努力提高专业情感素养,为教育注入理想之魂,为教学注入坚韧之魂,为教导注入大爱之魂,身体力行地实现我的教育梦想。

关键词: 班主任工作;专业情感素养;师爱

班主任工作不是一朝一夕的,而是一项长期的工作。我从2007年从教以来,一直担任班主任工作。我最深切的体会是,研究学生是教育取得成功的必要条件,研究学生最好的途径是透过活动进行观察。新时代的班主任工作,要以人文关怀为落脚点,抓好学风班风建设,引导学生养成良好的生活和学习习惯,深入了解、接近和关爱学生,不断提升专业情感素养,用自己的言行在学生中树立威信。

一、为教育注入理想之魂

列夫·托尔斯泰说过:"理想是指路的明灯。"对教师来说,树立一个远大崇高的理想,能够让教师心中充满对教师职业的敬畏之心;对青少年来说:"有志者事竟成",志向与理想是指引人生前进的动力与方向。在为人师的道路上,我谨遵校训,立志要成为一名"文舞相融,德艺双馨"的艺术教师,为学生树立好的人生榜样。

每个理想的实现都是从小开始的,在教学过程中对学生的教育也得从各个方面渗入其中。首先,我在教育过程中严格考勤、加强管理。早上、中午、晚上及时到班督查学生的出勤状况，严防死守，认真执行学校规定，每一天做到三查，发现问题，随时解决，加大对学生自治自理能力培养的力度。其次，我通过谈话等方式指导学生进行自我教育，在不断进取中逐渐形成良好的思想品质。我还有效地利用每周一的班会课，既按学校计划开展一些专题性活动，如学习有关安全知识、学雷锋活动等；也根据本班实际组织"我的未来我做主"的系列活动，引导学生将生涯规划与现阶段的学习任务对标对接，开展了信心教育、学习习惯、养成教育、学习经验交流、感恩教育等主题班会活动。这些活动不仅促进了良好班风与学风的形成，更为学生指引了正确的前进方向，树立正确的理想目标，为他们走好人生每一步打好扎实基础。

二、为教学注入坚韧之魂

国际标准舞专业因其竞技性强的特点，需要教师与学生具备坚韧的品质。2018年底，我和工作搭档乔亚楠老师送走了可爱的2013级毕业班学生。从2019年开始，我们又把所有精力放在了2017级学生身上。

作为一名专业教师，课堂是我们的主战场。在完成繁重教学任务的同时，我利用碎片时间不断深入学习专业理论知识，定期进入芭蕾教学课堂看课学习，并经常和有着几十年舞蹈教学经验的前辈们探讨教学法。同时，我跟乔亚楠老师在教学好班主任工作中积极配合，更新教育观念，大力推进素质教育，优化教学目标，提高学生们学习的主动性、积极性和创造性，充分加强师生间的沟通与交流，改进互动方式，追求实现教学相长。

除此之外，我们还分外重视"第二战场"的工作，包括课下监督、课前预习、课后巩固、量化提高、学以致用等。要督促学生们做到这些，教师必须牺牲大量个人时间。我每周除例行班会外，额外监督早功一次，每周三次盯晚自习，周六日定时为学生答疑。同时，我还深入探索和研究学生心理，尤其是后进生的转化教育工作。每个班都有一些发展相对落后的学生，要完成这些后进生思想和行为习惯的转变工作却并非易事。班主任作为学校思想品德教育工作的主力军，需要学会打持久战，要有韧劲，持续努力，方能久久为功。

三、为教导注入大爱之魂

教育是一项育人的工作。人最需要的就是真诚的关心与爱护。苏霍姆林斯基说:"没有爱,就没有教育。"这是学生成长中可以汲取的最好精神营养。

教育的灵魂就是爱。"谁爱孩子,孩子就会爱他,只有用爱才能教育孩子。"班主任要善于接近孩子,体贴和关心学生,和他们进行亲密的思想交流,让他们真正感受到老师的亲近和爱,这是班主任顺利开展一切工作的基础。师爱是人类复杂情感中最纯洁、最高尚的感情,凝结着老师无私奉献的精神。师爱是超凡脱俗的爱,没有血缘和亲情,没有私利和目的,因而有一种巨大的力量。今年是不寻常的抗疫年,在全世界疫情大规模爆发的环境下,我按时按点完成学校要求的每日健康统计和特殊学生点对点的防疫工作,引导学生坚决贯彻落实学校关于疫情防控工作的部署要求,还开展了以增强"四个意识"、坚定"四个自信"、做到"两个维护"为主题的班会,取得不错的效果。除此之外,2019年我还组织了"我和我的祖国"主题班会、苏海陆师哥讲座、感恩主题班会;2020年停课不停学,我又组织了4次线上主题班会,包括"雷锋精神永不朽"、读书分享、青春期安全教育等主题班会。这些活动丰富了学生的课外生活,增长了知识,扩展了视野。正像联合国教科文组织总干事马约翰先生所说:"世界上只有一种教育——爱的教育。"教师要做到"捧着一颗心来,不带半根草去",永远当爱的播撒者,就要在平凡的教育工作中为孩子们精心创造一次又一次鲜活的成长机会和经历。相信平凡的师爱就能产生非凡的力量。

教师是神圣的职业,要求付出、奉献和牺牲。我时时刻刻都以教师职业道德严格规范自己,爱岗敬业,为人师表,勤奋钻研,兢兢业业,圆满完成各项教学工作。做班主任工作时,我从思想教育入手,以帮助学生改进学习方法为核心,以纪律管理为手段,初步达到了全方位促进学生发展的目的。班主任工作是很有挑战性的工作,每个学生都是一个世界,要想成为每个学生的朋友，要想得到每个学生的信任，需要付出很多的心血。虽然当班主任很累，但当我看到一双双求知的眼睛，看到学生变得越来越懂事听话，当我被学生围着快乐地谈笑，被学生当成最好的朋友，我觉得一切都值了。我付出的是心血和汗水，收获的则是一个个美丽的世界！那种发自内心的快乐与喜悦是一种无法言说的职业满足感。

"三全育人"视野中北舞附中教师的
角色定位与实现路径

赵 菲

摘 要：新时代，随着"三全育人"理念的提出，北京舞蹈学院附属中等舞蹈学校教师面临新要求和新挑战，明确了教师作为"三全育人"的传播者、设计者和落实者的角色定位，提出以建立联动管理机制，明确各级责任抓手，细化学生管理模式作为教师"三全育人"角色的实现路径。

关键词：三全育人；北舞附中；教师角色；实现路径

习近平总书记指出，"要坚持把立德树人作为中心环节，把思想政治工作贯穿教育教学全过程，实现全程育人、全方位育人，努力开创我国高等教育事业发展新局面"[①]。北京舞蹈学院附属中等舞蹈学校（以下简称"北舞附中"）作为新中国创建最早的中等舞蹈学校，多年来围绕"培养什么人、怎样培养人、为谁培养人"的教育使命，面对当前社会对高素质艺术人才需求的新变化，大力加强教师队伍建设，优化教师素质结构，坚持专业素养、职业素养、政治素养、人格素养一体化提升，引导广大教师做到教书与育人兼顾、信道与传道兼顾、立己德与树人德兼顾，做党和人民放心、满意的好老师。

一、"三全育人"视野中北舞附中教师面临的新要求与新挑战

"三全育人"强调全员协同育人、全程育人、全方位育人，突出培养学

---

① 习近平在全国高校思想政治工作会议上强调：把思想政治工作贯穿教育教学全过程 开创我国高等教育事业发展新局面。《人民日报》2016年12月9日。

生的创新能力和社会责任感。"三全育人"理念的提出，对新时代教师提出了新要求。

（一）对角色定位的新要求

教师是落实立德树人根本任务的重要责任人。教师个人的知识素养、道德品质、言行举止直接影响着学生的成长。北舞附中的教师大致分为艺术专业教师、文化专业教师和行政教师三类。"三全育人"要求学校各类育人主体都要履行育人之责、达成育人之效。在此背景下，包括艺术专业教师、文化专业教师和行政教师在内的所有育人主体都应有主人翁意识，立足本职工作，努力通过学科与学科交叉、课内与课外整合、校内与校外协同，同行同向，构建全要素融合的立体化育人体系。

（二）对思想格局的新要求

"三全育人"强调"以学生为主体"展开全过程育人工作。教师首先要对思想政治教育工作有准确的认识，提高自身的政治站位。其次，教师应该主动融入学生群体，全面准确地把握中等职业艺术院校学生的心理发展和成长成才规律，主动掌握学生的群体信息和个体差异。最后，教师应在职业化和专业化道路上增强"做学生领路人"的使命感，坚定立德树人、教书育人的人生追求，注重理论思考和实践探索相结合的能力训练，善于学习，勤于思考，不断改进和完善教育的方式方法，做到"以理服人、以情感人"，成为让学生心悦诚服的好老师。

（三）对工作内涵的新要求

"三全育人"要求全方位育人。北舞附中的专业教师（包括艺术专业教师和文化专业教师）需要改变传统的教学定式，坚持课程育人，将无形的价值观教育与有形的专业教育相结合，运用形式多样的教学手段，从艺术作品、事实案例出发提高学生的专业思维能力和审美能力，师生达到知识共鸣、情感共鸣和价值共鸣，完成立德树人的教育任务。北舞附中的行政教师则需要抓准每次与学生相处的时机，通过管理育人、服务育人，协同专业教师提升育人效果。

"三全育人"理念强调在推动教育事业高质量、内涵式发展过程中，要通过全员育人、全过程育人、全方位育人开展工作。这对新时代教师育人工作提出了新的挑战。

就学生情况而言，中职艺术院校的教育对象的年龄普遍在12岁到18岁之间。这个发展阶段的学生有着强烈的独立自主意识，急迫地想证明自己的存在与成长，但由于心智尚未成熟，在多个方面都需要教师给予正确的引导和帮助。同时，寄宿制生活让从未经历过集体生活的学生很可能会面对生活自理不善、自我约束不严、行为习惯不良、个性特征张扬、不能独立处理与同学的关系、缺乏明确的职业生涯目标等问题。

就教师情况而言，中职艺术院校的施教人员主要包括艺术专业教师、文化专业教师和行政教师。专业教师大多在学历和专业知识储备上没有什么问题，但由于过于专注专业本身，视野不够开阔，因而不够关注思想理论学习，对社会热点问题分析不到位，在专业教学中不知如何将思想教育工作融入其中；面对学生学习或生活中出现的问题，往往只能就事论事，不能深入准确地找到学生思想问题的症结点；在教学管理、心理辅导、生涯辅导等方面缺乏专业系统的理论学习。学校各部门的行政教师普遍存在育人意识和能力参差不齐的情况，常常不自觉地将学生思想教育工作的主责推给班主任，而忘记自己也是育人主体。

二、"三全育人"视野中北舞附中教师的角色定位

北京舞蹈学院教育教学"十三五"规划明确了北舞附中的"三基"（基石、基础、基地）的定位，坚持以立德树人作为根本任务，以全面培养德艺双馨舞蹈艺术人才为最终目标。在"三全育人"的视野中，北舞附中教师首先要聚焦和立足本职工作，不断提升育人意识和育人能力，坚持专业素养、职业素养、政治素养、人格素养一体化发展，努力将学生培养成为德才兼备、全面发展的人。

（一）精修理论，做"三全育人"的传播者

教师作为学生的引路人，对学生的一生都起着至关重要的作用。中职艺术院校教师面对的教育对象正处于三观建立的特殊时期。教师的一言一行直接影响着学生的道德修养和行为规范。只有当学生对教师产生认同感，才会由认同感逐步达至"信其道"。因此，新时代教师一定要坚持"育人为本，德育为先"的理念，深刻认识和理解"三全育人"的深刻内涵，在工作中努力提升政治修养和理论水平，积极传播社会环境、网络环境中的正确意识形态和价值观念。在"学懂""学精"理论的同时联系工作实际，不断凝练工作思路，积累每个班学生的工作数据和具体案例，在总结工作方法的同时提升教育高度，逐渐形成具有创新性的独特的育人方法。

（二）立足本职，做"三全育人"的设计者

在信息传播多元化的今天，学生可以从多途径、多角度获取信息。寄宿制中职艺术学校教师要充分发挥"教"与"管"双重优势，努力为学生创设良好的思想政治教育环境，在庞大的"信息流"中帮助学生树立社会主义核心价值观，提升辨别信息真伪、甄别信息来源、过滤不良信息的能力。"三全育人"是一个系统工程，具有整体性。它要求育人工作从条块分割转向协同配合。整个育人工程要贯穿学生从入学到毕业的各个阶段，覆盖全校各个专业各个班级，融入学生学习生活的各个方面。教学、管理、服务等不同部门的教师都应该充分发挥自身优势，立足本职工作，明确自身职责，做到以我为"主"，在全员育人格局中摆正位置，强化主体地位，做全员育人中起主导作用的一员。各个部门教师要深刻把握思想政治工作规律、学生成长规律，做好学段与学段、专业与专业、课内与课外、学习与生活等相互之间的衔接工作。

专业教师在教学中要精心设计，不放弃任何一个能对学生进行思想教育的机会；将课程思政与艺术课程、文化课程有机结合起来，既要有广度，又要有深度，既要关注专业领域的前沿热点，又能通过知识的触类旁通，最大

限度地发挥专业课立德树人的作用。管理与服务部门的教师作为这个系统的推动者和协同者，要将视线更多地放在学生身上，将学生作为关注点，与一线任课教师形成交集，在与学生的交流中用自己的行为举止、做人做事感染学生，影响学生，教育学生。

（三）用爱浇灌，做"三全育人"的落实者

"三全育人"的中心在于"育"。陶行知先生说过："培养教育人和种花木一样，首先要认识花木的特点，区别不同情况给以施肥、浇水和培养教育，这叫因材施教。"教育不是工业生产线，人才也不是工业产品，每个受教育者都是独立的个体，不能走统一工艺、统一规格的批量生产道路。

由于中职艺术学校学生的年龄以及住宿制的特殊性，学生与教师一天24小时"亲密接触"，使得学生从心理上更加依赖学校环境和教师群体。因此，教师的育人工作既不能简单套用普通中学的"严格管理"，也不可借鉴高职艺术院校相对宽松的"自我管理"。"教"与"管"的尺度需要教师用"爱"赋予温度。面对每个独立的个体，教师要充分融入学生，找准德育工作的结合点，将理想信念教育与个人发展指导相结合，引导学生树立远大理想，结合学业指导、生涯规划、人生导航，帮助学生把理想信念变为现实目标和行动方案，切实提高教育实效。

三、北舞附中"三全育人"教师角色的实现路径

北舞附中作为中等舞蹈职业学校的"领头羊"，一直坚持"高等艺术教育优秀后备人才基地和优秀职业舞蹈表演艺术人才培养基地"的办学定位。近年来，学校坚持以立德树人，服务一切学生成长成才作为教学与管理的中心环节，以培养德艺双馨的舞蹈艺术人才为最终目标，精准把握北舞附中作为"职业院校"和"艺术院校"的特殊点，建立"三全育人"的联动管理机制，明确"三全育人"的各级责任抓手，细化"三全育人"的学生管理模式，引导教师更新育人意识，提升育人能力，探索"以文化人，以舞育人"的特色德育模式。

（一）建立联动管理机制

目前，北舞附中校级"三全育人"德育工作领导小组由书记任组长，副书记任副组长，各教学科党支部书记、团委书记、学生科、教务科、党校办主任为成员组成。二级德育工作领导小组则由各教学科党支部书记任主要负责人，团总支书记（教师）、团总支副书记（学生）、学生会主席、各年级团支部书记为成员组成。校学生科和校团委作为学校学生工作的两个职能部门，配合专业教学科负责学生的日常管理工作。这种协作管理机制较大程度地将全体学生和党员教师囊括在整个育人体系中，在思想教育和意识形态建设方面形成了有力的战斗堡垒。职能部门与各专业教学科每两周召开工作总结会和统筹会议，明确各自具体负责的事务和协同配合的事务，以消除育人的断点与盲区，使学校整体育人工作更规范、更顺利、更高效。

（二）明确各级责任抓手

在完成"三全育人"顶层设计后，学校充分发挥各级组织力量，建好建强教师主体队伍，选择德才兼备的教师，挖掘骨干党员教师人才，形成梯队式教师队伍。

教师在知识和技能传授过程中要强化价值引领。无论是班主任教师、专业课教师还是学校行政部门的教师都要真正承担起"十大育人"体系的协调者、领航员和设计师角色。在育人全过程中加强德育基础建设，注重教师对德育工作科学化、系统化、专业化的研究。大力加强德育工作的针对性和实效性，开展一系列教师与教师、教师与学生间的互动活动，如各教学科党支部书记给党员教师讲党课，各教学科团委书记给学生讲团课，各个班级班主任定期进行班主任例会及专题培训。充分发挥各团支部、学生会干部的主力军的作用，以党带团学，组织开展以学生为主体的社会实践活动。

（三）细化学生管理模式

北舞附中不以专业课成绩作为学生考核的唯一标准，采用"德育一票否决制"强化学生思想教育和日常管理；以"争创班级荣光——星耀附中行动"为契机，充分发挥团委和学生会干部的力量，分学科进行教学督导和日常管理；通过各学科"学习督导小组"落实检查监督制度，抓好常规，形成良好学风；以值周检查为突破口，利用早、晚巡查，各年级各班轮流负责检查全专业各班常规落实情况。

北舞附中不仅强化学生管理，而且开展各种教育活动，引导学生在活动中成人成才。学校开展"文明礼仪"养成教育活动，让"文明礼仪"化作学生日常行为规范，对学生在文化课教室，专业课教室及宿舍中的行为提出具体要求；以抓好班风、学风建设为突破口，规范学生言行，净化学习生活环境；培养学生自我约束、自我管理的能力，让学生自主组织活动、管理评价，使学生从"要我这样做"逐步转变为"我该这样做"。学校还定期开展"读书分享"活动，营造良好的文化环境，坚持以爱国主义教育、法治教育、安全卫生教育、行为习惯教育为主线，引导学生从每节课堂，每次艺术实践活动中品味工匠精神，引发从"职业教育"到"志业教育"的思考；努力使学生养成良好的学习习惯，具有勤奋、创新、勇于探索的进取精神，全面提升学生的综合素养。

作为新时代的中职艺术教师，我们工作的第一要务是立德，教会学生先做人再从艺，扣好艺术人生的第一粒扣子。这也是几代北舞附中人不懈努力和积极探索的方向和目标。

参考文献

[1] 习近平：《在全国高校思想政治工作会议上的讲话》，《人民日报》2016年12月9日。

[2] 吴玉程：《新时代高校落实"三全育人"的理论与实践探究》，《中国高等教育》2018年第Z2期。

[3] 聂靖：《"三全育人"视角下高校辅导员角色定位及履职路径》，《高校辅导员学刊》2018年第1期。

[4] 张正光：《构建高校思想政治工作"十大"育人体系的有效路径》，《高校辅导员学刊》2018年第4期。

[5] 习近平：《在北京大学师生座谈会上的讲话》，《人民日报》2018年5月3日。

[6] 中共中央国务院印发:《关于加强和改进新形势下高校思想政治工作的意见》,《人民日报》2017年2月28日。
[7] 朱平:《高校"三全育人"体系协同与长效机制的建构——以全员育人为中心的考察》,《思想理论教育》2019年第2期。

北舞附中德育工作模式初探

史 蕾

摘 要：新时代对人才培养提出了更高要求。北京舞蹈学院附属中等舞蹈学校抓住机遇，应对挑战，在学校德育创新发展上努力实践，不断探索形成德育工作新模式，努力为舞蹈表演基础人才培养做好顶层设计，为培养学生具有全面综合素养打下坚实基础。

关键词：北舞附中；德育工作模式；制度建设；班主任队伍；团学一体

当今社会正在发生着历史性变化，对人才培养提出了更高的要求。德育工作成为学校教育的重中之重。相比之下，学校德育的针对性和实效性不强，对学生的吸引力和感染力不足，导致学校德育工作裹足不前。面对挑战，北京舞蹈学院附属中等舞蹈学校在德育创新发展上努力实践，不断探索德育管理新模式，努力为舞蹈表演基础人才培养做好顶层设计。

北京舞蹈学院附属中等舞蹈学校不断巩固附中"基石""基础""基地"的办学定位，落实立德树人根本任务，牢牢把握提高人才培养质量这个根本点，坚持"以人为本，德育为先"的工作方针，以树立正确的世界观、人生观、价值观为重点，切实尊重青少年身心发展规律。从职业教育特点出发，推进"舞以载道，以舞育人"的教育理念，提高德育工作针对性、实效性和主动性，遵循制度化、规范化和有序化要求，构建"全员育人、全程育人、全面育人"的德育体系，拓宽德育空间，创建和谐校园，创新活动方式，培养学生自主、自立、自强的能力和态度，树立"顽强拼搏、团结协作、快乐分享、敢于创新"的职业品质与素养，为培养基础型舞蹈文化人才奠定坚实的基础，打造特色德育工作教育管理模式。

一、加强德育管理制度建设

（一）强化职能建设，建立长效工作机制

为贯彻落实全国高校思想政治工作会议精神，以社会主义核心价值观为引领，深化主题教育，积极推进具有艺术院校特色综合育人模式的构建，学校依据《中等职业学校德育大纲》要求，于 2016 年 9 月成立了附中学生工作指导委员会，同时建立健全学生工作例会制度，搭建校级—学生科—教学科三级管理机制，由学生科进行统筹指导，从而完善了德育工作管理系统，建立了明确的德育工作岗位责任制，增强了各教学科德育工作实效性。同时，学校进一步规范学生行为管理制度，狠抓管理细节，在综合素质、文明素养方面坚持一抓到底，进一步加强校风学风建设，建立长效工作机制。

（二）细化岗位职责，精细化开展工作

2016—2018 年，学生科每年根据实际工作内容和需求做好工作计划，对各教学科负责德育工作相关部门的岗位职责进行更新，细化工作内容。在主管校长直接领导下，落实学生教育和管理工作的计划、组织、协调、检查、监督。

（三）制定完善制度，尽力做到有章可循

学校针对当前学生特点与社会整体氛围，进一步完善与丰富德育工作的指导性和原则性文件，令学校德育工作有章可循，有据可依。比如，学校按照德育人才管理需求不断完善和修订《北京舞蹈学院附中学生手册》和《北京舞蹈学院附中班主任工作条例》《北京舞蹈学院附中班主任考核办法》，进一步明确了学生行为规范和班主任工作职责。

（四）整合家长资源，促进家校合作共建

学校重视家校合作，通过整合家长资源，不断完善附中育人机制，为人

才培养和优化学生管理工作发挥作用。学校凝聚优秀家长资源，搭建家校结合的一体化服务平台，通过建立校级家委会和各教学科家委会，与附中的管理工作结合。2019年已经建立起5个教学科家委会，明确工作内容，明晰工作职责，逐步实现有礼、有节、有制度的管理机制，为校级家委会的建立夯实基础。

二、丰富学校德育工作内容

（一）夯实思想品德教育

学校积极发挥学生会、团组织的作用，以团学组织作为学校与学生之间的桥梁，深入贯彻和全面落实学校管理制度，构建"全员、全程、全面"为特征的"三全"德育框架。同时，学校高度重视培育和践行社会主义核心价值观，通过培育社会主义核心价值观、弘扬中华传统美德，促进学生健全的世界观、人生观、价值观的形成，加强公民意识培养，强化学生的责任意识、法治意识、集体意识，提高学生自我管理能力，全面提高学生综合素质，努力营造健康、文明、和谐的育人环境。

（二）强化行为养成教育

为全面提升学生的综合素质与文明素养，学校以《北京舞蹈学院附中学生手册》为依据，深入贯彻"以舞育人"的教育理念，通过加强学生日常行为规范的养成教育，使"舞蹈文化人"的人才培养目标落实到舞蹈学子的学习与生活中，从而全面培养学生的舞蹈艺术品格。学校开展特色德育活动"星耀附中"，针对早晚自习卫生和纪律巡查、宿舍卫生、手机管控等巡视项目，注重对学生进行健康习惯、卫生习惯和生活自理能力等方面的养成教育。这一活动不仅充分调动了学生自我教育、自我管理、自我约束的主观能动性，而且培养了学生的职业观念、劳动观念、集体主义观念。学校还以培养学生自觉养成"有爱心、懂礼貌、知礼仪、爱读书"的良好行为习惯为出发点，培养学生自主、自立、自强的能力和态度。自2016年至今，附中举全校之力取得了较为显著的治理成果，师生砥砺奋进，共同营造出一个优雅、整洁的育人环境。

（三）加强心理健康教育

学校构建了适应青少年发展需要的心理健康教育模式，将德育渗透到学科教学工作中，对部分学生的心理问题进行干预。在教学中，老师们努力营造宽松、和谐的课堂气氛，想方设法建立民主、平等的师生关系，不断探索适合学生心理健康发展的教学模式。班主任平时多关注学生的心理变化，及时疏导和缓释学生来自专业学习、人际关系、文化课学习等方面的压力，并针对他们的心理困扰提出合理建议，帮助学生更健康、快乐地成长。学校还加强心理健康知识的宣传，开展心理健康教育宣传月活动。

（四）加强职业生涯规划

学校建立适合附中学生终身发展需要的职业生涯规划教育体系，通过学科建设、职前教育、实习安排和职后培训，提升教师队伍的专业水平，有效地帮助学生树立清晰的专业发展方向和鼓励学生多元发展。学校还开展专业榜样教育，帮助学生通过逐步明确专业发展方向，不断自我激励克服专业成长中的困难，磨砺意志，形成坚定的专业发展目标。

（五）努力参与社会服务

在新中国成立70周年之际，我校145名学生参加了庆祝中华人民共和国成立70周年音乐舞蹈史诗《奋斗吧　中华儿女》的排演工作并承担了整场晚会中的16个舞段。三个月的排练正值酷暑，学生们克服困难，勇担使命，有组织、有纪律，以精湛的业务能力、阳光热忱、积极向上的精神面貌为学校赢得了一片赞誉，传承了我校"爱国、爱校、爱舞蹈"的优良校风，展现了"勤学、责任、自律"的学风，向社会各界展示了我校作为舞蹈艺术教育的引领者和示范者的风采，以实际行动为新中国70周年华诞献上了最美最真挚的祝福！

三、提升班主任教师德育素养

（一）加强教风师德建设

学校每年都会对教师进行全员师德考评，把师德作为教师年度考核、职务聘任、评优奖励的重要依据。同时，学校还不断加强师德规范教育，完善教风师德建设的工作体制和运行机制。

（二）完善班主任工作制度

学校不断加强对班主任工作的指导，落实2016年修订的《北京舞蹈学院附中班主任工作条例》《北京舞蹈学院附中班主任考核办法》，进一步明确班主任工作职责，分职责、有层次、按阶段地加强班主任工作，把育人落到实处。学校每年都要进行附中班主任考核和评优考评，积极探索推进班主任工作的有效机制，明确班主任工作职责和工作内容，坚持从形式和内容两方面公正、客观地衡量班主任工作，鼓励班主任创造性地开展工作，将班主任工作的量化业绩作为晋升、评优的重要依据。

（三）加强班主任队伍建设

学校重视班主任队伍建设，着力强化班主任的身份意识、责任意识，要求班主任始终把立德树人作为工作的中心环节，围绕学生、关心学生、服务学生，关注学生思想状态、指导学生健康成长、维护班级安全稳定，切实加强日常教育管理，深入开展理想信念教育，推进"责任·诚信·成才"教育。同时，学校还建立健全保障有力的体制机制，加大班主任的培训力度，拓宽培训渠道，着力打造素质全面的班主任队伍，做好班主任师资队伍的梯队建设。

1.班主任工作例会。学校定期召开全校或者各教学科班主任工作会议，传达学校德育工作精神及要求，通报近期学生工作动态，加强对班主任日常工作的指导。同时，学校以班主任工作职责为依据加强制度管理，以《班主任工作量化表》为标准对班主任工作进行量化和精细化管理。明确班主任工作职责和工作内容，并以此作为评优标准之一。

2. 班主任德育能力培训。"十三五"期间，学校以增强理想信念和提高综合素质为目的，进一步提高学生科及各教学科书记、班主任的业务水平，通过理论学习、现场观摩、经验交流、专题讲座等形式，开阔班主任教师的视野，增强责任意识、服务意识和发展意识，逐步提高班主任的德育工作水平和能力。

四、创新特色文化传承活动

学校加强特色校园文化建设，创造舞蹈专业文化氛围，树立学科形象，培育和提升学生道德品质修养，以德育促进学生在人格完善、专业学习、职业理想等方面和谐发展，引导学生争做一名合格的舞蹈文化人。学校把附中的价值观念、指导思想、办学理念、历史传统、精神风貌、办学特色、办学目标进行宣讲展示，打造洁净有内涵的校园环境，整体提升学校形象。学校还组织学生开展春季社会实践、秋季研学、学生表彰大会、平安校园消防演习以及好习惯养成、"春风行动"、"我为春风添光彩"、"星耀附中"等系列活动；开展以青春期教育、法治教育、学业规划与职业生涯教育为主题的讲座，举办文艺汇演、主题演讲比赛、读书会、文化专题讲座、校园歌手大赛、辩论赛、报告会、知识竞赛、北京市文明风采大赛等具有吸引力的文体活动，同时抓住重大活动、重大事件、重要节庆日等契机，广泛开展特色鲜明的主题教育活动，组织学生进行艺术展演，展现附中学生风采。

五、探索"团学一体"德育模式

在附中党政强有力的领导下，附中团委紧紧围绕培育和践行社会主义核心价值观这条主线，充分挖掘和发挥艺术院校的独特文化优势，继续坚持"青春同路人"的组织理念，积极构建以团学一体化互动为特色的组织机制，进一步加强对"爱国、爱校、爱舞蹈"精神的宣传、介绍和推广，通过举办"团学组织成立大会"、"新团员入团仪式"、主题团课等系列活动，把爱国主义和社会主义、民族精神和时代精神、个人成就和社会责任有机结合起来，加强对广大青年团员的思想政治教育工作。同时，学校加强学生干部队伍建设和团干部的培养，积极推进校级优秀团干部、优秀团员、优秀团支部的评选工作；注重学生会建设，发挥学生组织的作用，提高学生自我教育与服务的能力和水平。

综上所述，近年来北京舞蹈学院附中德育工作已经取得了一定成绩，但是，对"以德树人，培根塑魂，以舞育人，德艺双馨"的舞蹈基础人才培养课题的研究还需要不断深入。为此，每一名北舞附中人都需要立足自身，加强学习，继续在深化实践育人、强化内涵建设、提升学生综合素质、创新人才培养模式等方面展开更多的思考，从而永葆进步的动力。

中国舞教学科德育工作创新的路径选择

高骞 苑媛

摘　要：学校德育工作关乎学生个体的成长与发展。北京舞蹈学院附属中等舞蹈学校中国舞教学科积极探索德育工作创新之路，在厘清德育工作创新的基本理念和深入分析德育工作创新现状的基础上，提出新时期德育工作创新的路径与对策。

关键词：中职舞蹈学校；中国舞教学科；以舞育人；德育工作创新

"十三五"时期，北舞附中以"高等艺术教育优秀后备人才基地和优秀职业舞蹈表演艺术人才培养基地"作为办学定位，致力于培养"品德优良、身心健康，专业和文化基础扎实，知识和技能结构合理，具备一定艺术修养，有可持续发展潜力的基础舞蹈文化人才"。中国舞教学科作为骨干学科的中坚力量，近年来积极探索德育工作的新模式、新思路、新做法。

一、德育工作创新的理念与思路

《大学》开篇写道："大学之道，在明明德，在亲民，在止于至善"。古人将德行修养视为君子乃至圣人的基本标准。习近平总书记也指出，要把立德树人的成效作为检验学校一切工作的根本标准，需要真正践行以文化人、以德育人，秉持以树人为核心，以立德为根本的建设原则。中国舞教学科遵循党的教育方针，秉承新形势下"立德树人，德育为先"的育人理念，在遵循教育普遍规律的基础上，从舞蹈专业本体出发，结合舞蹈专业特性，努力思考，不断梳理，探索形成适用于新时期中职舞蹈学校表演人才培养的特色德育新模式，即"以舞育人，德艺双馨"。

在附中党总支领导下，中国舞教学科通过理论与实践、专业与文化、系统学习和研究相结合的方式，在掌握育人技能的基础上，始终履行"以舞蹈培养人、以舞蹈塑造人、以舞蹈成就人"的教育职责，从职业教育特点出发构建"全员育人、全程育人、全面育人"的德育体系，力求通过探索"以舞育人"特色人才培养模式，达到"有效教学，实效德育，教师成长，学生发展"的"德艺双馨"教育平台建设目标，努力使"舞蹈文化人"的人才培养目标落实到全面培养学生的舞蹈艺术品格中，落实到教师的艺术教育历程中。

二、德育工作创新的分析与思考

（一）特色带领、渗透育人，形成递进式党员教师队伍

习近平总书记说过："教师不能只做传授书本知识的教书匠，而要成为塑造学生品格、品行、品位的'大先生'。"中国舞教学科共有党员教师25名，他们不仅是教学一线的专业课教师，也充当了学生"父母"的角色。附中的学生大都是少小离家的孩子，在他们树立人生观、价值观的关键期，附中的党员教师们肩负起立德树人的重任，以身作则，率先垂范，用正确的言行引导学生。

中国舞教学科在壮大党员教师队伍的同时，选择德才兼备的教师，挖掘骨干党员教师人才，积极培养拔尖型人才，形成"双带头人"培育机制。所谓"双带头人"机制，是指部分优秀党员教师要同时承担本职教学工作和德育管理岗位工作，以充分发挥党支部战斗堡垒作用和党员的先锋模范作用。

（二）以赛促学、师生同台，打造多维立体的德育形态

中国舞教学科多年来实行"以赛促学"的育人手段，即以比赛形式鼓励学生创作、表演，有效利用舞蹈比赛机会，交流教学经验、分享教学成果，提高学生的舞蹈综合素质。中国舞教学科设立了"小荷杯双馨奖"舞蹈比赛，旨在激发学生的舞蹈创造力，培养学生的编导思维，为学生搭建更多的

实践平台。在比赛准备阶段，教师因材施教，针对不同年级学生，指导的侧重点也有所不同，如面对低年级学生，提倡循序渐进，从模仿、借鉴入手，以历史故事、文学作品的现有脚本为基础进行创作；面对高年级学生，则鼓励学生发挥创新意识，题材上多思考社会与现实生活，形式上尝试不同舞种。比赛是教学的最佳检验手段，有利于培养学生的创造力，更好地巩固和拓展教学成果。

师生同台演出是中国舞教学科从2010年开始坚持打造的展示平台，通过九年的实践，已成为一年一度的固定品牌活动。教师和学生同台表演，秉持相同的审美追求，有利于提升教师的教学能力和团队凝聚力，也是重塑职业理想与团队精神的有效渠道。在排练过程中，教师的言传身教、亲力亲为，传递出对舞蹈艺术真诚的热爱和执着追求，无疑为学生树立了良好的榜样。德育工作除了对受教者提出要求和做好引导外，施教者自身的言行是最直接有利的影响方式。

（三）注重中国精神教育与中华优秀文化教育

2014年修订的《中职学校德育大纲》提出，德育内容要更体现时代性，应以中国特色社会主义理论体系为统领，突出理想信念教育，强化中国精神教育，增加中国特色社会主义和中国梦教育、社会主义核心价值观教育、中华优秀传统文化教育、中共党史与国情教育等。中国舞教学科遵循德育大纲的新要求，近年来创作了一批富有爱国主义情怀、彰显中国优秀传统文化精神的舞蹈作品。其中，作品《一方沃土》以中华文化为内核依托，以山东鼓子秧歌为外化表现形式，书写了一方人民热爱故土的伟大爱国主义情怀，一举斩获了2017北京舞蹈学院"学院奖"舞蹈比赛的最佳创作、最佳表演，2018中华优秀传统文化艺术表演一等奖。另外一个作品《行云赋》，以太极为动作元素核心，舞蹈编排中融入了中国传统朴素的人生观、价值观和世界观。学生在学习和演出的过程中潜移默化地接受中华传统文化的洗礼，对培养学生的民族文化自信，起到了不可估量的作用。再者，中国舞教学科每年举办"中国舞学科师生诵读会"活动，学生多青睐选择爱国题材的文章，如：《中国话》《我的祖先是炎黄》《秋瑾》等。这个活动的目的，就是要让学生意识到身为中华儿女就应该了解中华民族历史，秉承中华文化基因，具有民族自豪感和文化自信心，要时时想到国家。

（四）强化理想信念，开展形式多样的德育活动

中国舞教学科坚持党带团学的指导思想，针对中职舞蹈教育及学生成长特点，开展了一系列特色德育活动，包括特色实践类、社会拓展类、观摩学习类、剧目展演类、专题讲座类及习惯养成类活动等。其中，专题讲座活动邀请的主讲人包含附中优秀毕业生。中国舞教学科将走向社会的优秀人才作为开展德育活动的有利资源。毕业生的励志演讲更能够让学生们感同身受，也有利于学生在潜移默化的正向引导下，清晰自己的艺术梦想和职业理想。

三、德育工作创新的路径与对策

中国舞教学科的德育工作虽然取得了一些成绩，形成了一定特色，实效性较强，但也存在着一些需要解决的问题，例如德育评价机制的建立、德育途径的拓展空间、网络环境的管理以及教师德育科研能力提升等。针对这些问题，笔者尝试在分析德育工作的客观现实基础上，结合新时期国家对德育工作的新要求和中职舞蹈学校的办学特点，提出德育工作创新的相关对策。

（一）深化德育评价机制，科学制定德育评价体系

中职学校的德育评价由学校工作评价和学生品德评定两方面组成。首先，学校应建立健全舞蹈行业、用人单位和学生家长深度参与的德育评价机制，并建议以一学期为期限，对附中德育工作进行综合评价。其次，在舞蹈专业课、文化课授课的同时，学校应加强德育渗透，注重间接德育和隐性课程意义上的德育。再次，学校应将教职工育人质量纳入考核评价范围内，建立相应的表彰奖励和职务聘任机制。最后，学校要把对学生的品德评定作为学生综合素质评价的重要内容，还应结合舞蹈行业和用人单位对学生的职业素质要求明确德育目标。

(二）强化实训实习、志愿服务，拓宽德育途径

以党带团学为抓手，通过团委、学生会建立学生活动中心，以学生的视野与需求来组织他们喜闻乐见的德育工作形式，使德育工作贴近青少年、贴近生活、贴近社会，获得更好的效果。团委、学生会可以组织各种学生活动，定期举办展示、展演、评比。加强学生会建设，以学生会活动为契机，通过学生会组织观摩学习、讲座、特色实践等活动，增强学生会的管理能力与组织能力，同时开拓学生社会实践的空间，推行社会考察、社会志愿者活动。

（三）管理好网络阵地，运用网络等新媒体加强德育

在互联网时代，网络社会的开放性、虚拟性和不确定性会对学校德育环境带来复杂的影响。学校应培养学生掌握辨别和批判能力以及自律精神，让他们在浩瀚的网络世界里不迷失本心，不以网络等新媒体作为发泄不正当情绪的途径，在隐蔽的虚拟环境下也要保持道德主体意识。学校可以利用宣传栏、微信公众号等平台，宣传正确的网络使用方法和传播正向舆论的知识。

（四）加强教学队伍建设，提升教师的德育科研能力

学校要注意提高青年教师暨班主任的整体育人能力，进一步挖掘"立德树人，三全德育"的思想内涵，通过系列活动加强德育工作的实效性，一方面加强德育队伍的骨干力量和班主任队伍的培养，另一方面鼓励学科教师在教学中进行德育渗透，进一步扩展德育工作空间。在加强班主任队伍的同时，学校可为每个班级配备一名德育导师，建议从文化课教师中进行选拔，并以聘任、表彰的方式鼓励教师们重视德育工作。其次，通过整体构建、整体提升和全面训练的方式，促进青年教师与班主任的专业化成长。再次，学校还应加大德育研究力度，设立研究项目，制定申报指南，建立和完善对研究成果的鉴定、奖励和转化推广机制，鼓励教师积极申报项目，加强课题研究，从理论和实践两个层面双向推动学校德育工作的长足发展。

建设新时期的中等职业舞蹈学校，必须在遵循教育普遍性和规律性的基础上，找到属于中职舞蹈学校的教育之路，逐步总结适用于中职舞蹈表演人才培养的学校教育和管理的新模式、新思路、新做法。在此基础上，学校要时刻围绕办学定位和人才培养目标，充分发挥党支部和党员教师的积极作用，在"三全德育"思想指导下努力探索"有效教学，实效德育，教师成长，学生发展"的德育创新之路。

浅析中职班级文化建设中的融合策略

楚 希

摘 要：高质量的班级文化建设能够促进中职学生可持续发展，能够对学生的思想道德观念进行正向引导，帮助学生树立起正确的人生价值观念，健全学生个人品格。中职班主任应针对班级文化建设存在的问题，将班级文化建设与德育相融合，营造和谐班级环境，开展多种班级活动，发挥班级民主特色，构建和谐人际关系，提高班级文化建设水平，提高班级管理质量。

关键词：中职院校；班级文化建设；融合策略；中职德育

中职阶段的学生大部分都个性鲜明，且每个学生的综合素质具有较大差异，所以教师在班级管理中需要对学生的个性特点给予足够重视，加强班级文化建设，以高质量的文化熏染和影响学生，帮助学生规范行为，提高思想道德水平。

一、中职班级文化建设中的若干问题

（一）学生的班级意识不够强

目前，大部分中职院校的班级文化建设都存在一定问题，学生的班级意识变得越来越弱，缺乏较强的集体荣誉感和归属感；学生的自我约束以及管理能力相对而言较差，学习过程中经常存在学习松懈或者不重视学业的状况[1]；大部分学生不乐于参加班级组织的各种活动，班级文化建设困难重重。

---

[1] 李政鸿、李林、杨亚玲、罗骏：《社会主义核心价值观在班级文化建设中的德育建构》，《数码设计》2017年第16期。

虽然我们学校目前不存在这样的问题，但同样需要引起高度重视，做好防范工作。

（二）学生缺乏精神文化陶冶

中职院校的学生正处于思想道德品质形成的重要阶段，而大部分学生又缺少强大的内心精神世界。加强班级文化建设，就是要对学生进行精神文化熏陶，促进学生健康发展。学校需要通过各种校园文化建设对学生进行文化陶冶教育，班主任教师也需要重视班级精神文化的建设和发展。[1]为此，教师可以在课堂教学之外提供大量的平台让学生进行学习，通过学生所处的班级环境对学生进行熏陶。

构建良好的班级文化，能够促进学生的世界观、人生观、价值观的发展。目前，大部分中职学校和教师普遍忽视班级文化建设，对班级文化的认识也比较肤浅。长此以往，班级文化建设和班级管理的难度会不断增加，无法构建起健康的班级文化环境。[2]虽然我们学校学生的心理普遍比较健康，精神文化状况也较好，但也应当有所警醒，不可松懈，重视对学生精神文化的教育培养。

二、中职班级文化建设的融合策略

（一）营造和谐班级环境，提高学生集体荣誉感

著名教育家苏霍姆林斯基提出，在教育过程中需要通过环境对学生进行熏陶，将班级文化建设与德育融合，能够让学生时时刻刻地处于德育熏陶的环境中，帮助学生形成正确的思想价值观念。[3]为了营造良好的教育环境，

---

[1] 熊昌军：《用班级文化浸润学生稚嫩心灵——襄阳市谷城县石花镇东风小学六（2）班班级文化建设略记》，《最漫画·学校体音美》2018年第4期。
[2] 孙克亮、张付花：《课程观视域下的高职院校班级文化建设探索与实践——以江西环境工程职业学院为例》，《科教导刊（下旬刊）》2016年第10期。
[3] 张艳春、邱蕾：《以班级文化建设培育核心价值观——河北衡水中学班级文化建设实践》，《华夏教师》2015年第3期。

教师可以通过教室布置培养学生的集体荣誉感。例如，教师可以在教室中布置一个学习园地，将班级学生在各种比赛中获得的奖状集中进行张贴，可以组织学生通过写反思日记或总结的方式，回忆在每次比赛中所付出的各种努力，描述比赛中的感受和想法。不仅如此，教师还可以带领学生积极参与学校组织的活动，让学生相互合作，有利于增强班级凝聚力。在活动中，学生能够感受到班级建设需要每一个人的力量，逐步培养学生的自信心以及集体荣誉感。[1]

（二）开展多种班级活动，促进学生身心协调发展

为了将德育与班级文化建设进行有效融合，教师需要组织学生开展各种各样的班集体文化活动，从而提高班级凝聚力，打造团结向上的班集体。教师组织学生参与各种竞赛活动，能够有效地调动学生参与活动的积极性，还能够让学生有奋斗的目标和学习的方向。[2]教师结合学生日常生活开展各种教育活动，不但可以培养学生的集体合作观念，培养学生之间的友谊，还可以促进学生的个性发展，充分展现自身特长。例如，班主任可以组织开展班级编创剧目比赛或者舞蹈短视频、手抄报比赛、诗歌朗诵等一系列活动。这些活动不仅能够逐步培养学生的自信心，让每一个学生都参与到班级管理和班级文化建设中，还可以让学生不断挑战自我，树立起积极向上的学习态度，打造良好班级氛围，促进班级文化建设和德育有效融合。

（三）发挥班级民主特色，建立有效的班级制度

为了形成良好的班风，教师需要组织学生制定专门的班级制度，作为班级管理和文化建设的保障。制定班级内部的规章制度，可以对学生行为进行约束，将德育渗透到学生日常生活和班级文化中，对学生的生活以及学习等

---

[1] 陈应娟：《特色班级文化建设在中职卫校男生班级管理中的实效性探析》，《广东职业技术教育与研究》2015年第1期。
[2] 沈海燕：《开启智慧之门 点亮精技人生——"智慧校园"背景下中职班级管理途径与策略研究》，《各界》2019年第1期。

方面产生影响。例如，为了充分发挥出班级文化建设的作用和价值，在制定班级规章制度的时候可以组织学生自主讨论，比如日常生活和学习中的一些文明礼仪、作业要求等。班主任可以不参与班级规章制度的制定。这样能让学生充分感受到班级规章制度不是教师强制要求的，学生对这样的班级制度会更加认可。他们会在学习和生活中自觉执行相关规章制度，还能够让学生相互监督。通过这样的方式，班主任让学生尝试进行自主管理，营造民主的班级氛围。

（四）构建和谐人际关系，促进学生情感发展

在班级文化建设中，班主任要帮助学生建立和谐的人际关系，既促进学生健康发展，又能让班集体变得更加团结。班主任不仅需要采取有效措施加强与学生间的沟通交流，构建良好的师生关系，还需要关注学生间的人际关系状况。教师可以组织开展各种活动拉近学生之间的关系。例如，教师可以组织建立班级中的一对一学习小组，让学生能够参与到各种小组活动中，通过小组活动拉近优等生与落后生之间的关系，加强学生之间的沟通交流，促进学生之间的相互了解。通过这样的方式，学生可以发现其他人的优点，发展同学友谊，促进学生情感发展。

总的来说，中职教育阶段加强班级文化建设，是班主任开展班级管理工作的一项重要内容，也是对学生进行思想道德教育的一种重要方式。构建积极健康的班集体文化环境，能够让学生更加积极地投入学习，在班级这个团体中不断提升自我。为了保障中职班级管理质量，需要将德育与班级文化进行有效融合，利用班级文化对学生进行影响和教育，保障学生思想品德的健康发展。

谈班级管理中的真善美

董金晶

摘　要：班主任作为班级的组织者、领导者和施教者，不仅要传递知识和技能，更要促进学生全面成长。通过对班级管理中"真、善、美"的实践解读，对班主任日常工作中的工作态度、工作方法等要素进行多角度的思考，对如何在班主任工作中进行德育渗透进行分析和梳理。

关键词：班级管理；真善美；价值追求；班主任工作

班主任是班级的组织者、领导者和施教者，是联系任课教师与学生集体的纽带，也是沟通学校、社会、家庭的桥梁，是学生成长过程中不可或缺的重要角色。在中职学校中，班主任的工作职责更是多方面的，不仅要关注自己任教课程的教学，更多的是要关注学生全方位成长。为了更好地履职，班主任要建设和管理好班集体，把班级管理工作做得有条不紊，使每位学生在集体中获得更好的发展。要把一个陌生的群体建设成一个有凝聚力的集体，这就需要班主任掌握班级管理的方法。在中国传统文化中，真、善、美通常被用来形容或者表达对美好价值的追求。冯友兰先生曾通俗地解读过真善美的意蕴："'真'是对于一句话说的，'善'是对于一种行为说的，'美'是对于一种形象说的。"在笔者的理解中，"真"是真诚，以诚待人；"善"是品德，遵守法规，做个文明的人；而"美"则是更高层次的审美追求。笔者借用这三个字对班主任工作经验做个反思，对如何开展班主任工作进行分析和梳理。

一、班级管理中的"真"

（一）班主任工作要"认真"

认真的态度是做任何事情应具备的一种宝贵品质，认真的态度会促使工作时追求完美，也会进一步促使事情取得成功。因此，认真对待班主任工作会让工作能够顺利开展，最终取得较满意的结果。班主任工作是一项非常重要又非常细致复杂的工作。要做好班主任工作不是一件容易的事情，认真的态度是做好班主任工作的基础。

我在5年的班主任工作经历中逐渐清楚地认识到，班主任首先是一名普通的人民教师。古语云："师者，传道授业解惑也。""传道"就是传授为人之道，"授业解惑"就是传授科学文化知识，两者字面意思就是育人和教书。古人称"授业解惑"者为"经师"，称"传道"者为"人师"。俗话说，经师易得，人师难寻。班主任既有授业解惑的重任，也肩负着传授为人之道的责任。班主任在当好"经师"的同时，还需要努力当好"人师"。作为一名教师，首先要严于律己，认真负责。榜样的力量是无穷的，对学生提出严格要求，班主任首先就要带头践行，不仅要做到更要做好，处处给学生树立榜样。

在寄宿制学校里，班主任管理工作更是烦琐，无论生活还是学习，都必须事无巨细、面面俱到。班主任除了完成自身的教学工作外，平时的课堂学习、早读、课间活动、晚自习、日常的宿舍卫生、班级卫生等都丝毫马虎不得，在传道、授业、解惑每一方面都要付出心血。没有高度的责任心和认真的态度，班主任工作一定完成不好。因此，认真的态度是做好班主任工作的基础。它直接影响整个班级管理工作的质量。每位初任班主任都想尽己所能管好班级，但随着时间推移和工作量的不断加码，难免会出现心神烦躁，甚至是职业懈怠。这就更要求班主任在工作中不能只凭一时的激情，而是要在工作中不断提醒自己，让认真成为自己的精神常态。

（二）关爱学生要"真情"

舞院附中相对普通学校具有一定的特殊性。我们的学生来自五湖四海，每年在学校生活的时间比在家与父母相处的时间还要长。这群学生刚进校时大都只有 11 岁左右，除学习外，很多生活自理问题需要班主任手把手教授。他们在家可能什么家务都没做过，而到学校后所有生活内务都需要自己学习完成。于是，我就从铺床单、套被子、叠被子教起，让他们慢慢学会如何生活自理。中专的 6 年时间里，每个年段都会出现不同的问题，这就非常考验一名班主任的爱心。都说班主任对待学生要像对待自己的孩子一样，而我作为一名年轻教师，就把他们当作家人。当他们遇到问题或犯错时，我都会像对待家里的侄子、侄女一样帮助和引导他们。不管在学习上还是在生活中，学生们的吃、穿、身体健康以及平时的人际交往等，都要我密切关注。早晨带他们上早功，时常进宿舍关心孩子们的生活情况，到冬天要叮嘱那些南方来的学生合理更换衣服，每天都要关照学生不要喝太多饮料，按时吃饭，各种学习用品要学会整理，学生有病得带他们去看病，等等。这些看起来很平常的事情都是我的班主任工作内容。对每位学生都有"爱心"是班主任应该做到的。做班主任，不能丢失对学生的爱心，在学习、生活、思想上都要关心他们、帮助他们、爱护他们。只要把握爱的度，做到"以爱动其心，以严导其行"，把"爱心"和"严格"相互结合，从小事入手，用爱打动学生，用心引导他们，用严格要求指导学生，这样随着时间移转就会收获满意的教育效果。

二、班级管理中的"善"

（一）做"善于"发现的班主任

做好班主任工作很重要的一点就是细心。善于发现的老师是拥有智慧的老师。平时细心观察，细心发现、细心了解学生，这是做好班主任工作的前提。所谓"细节决定成败"，细节更决定班主任工作的品质。在日常工作中，班主任要做到真正把学生的身心成长放在重要位置，主动发现学生取得的点滴进步，让学生的正能量和闪光点及时得到赞扬和鼓励。记得刚当班主任时，我经常会忽略掉学生身上的闪光点，把关注点只放在学习和生活上，没有真正细心去观察和了解每位学生，以致错过了很多教育契机。细心观察学生，不仅要了解学生的基本情况，还要掌握每位学生各自的特点。为此，班主任要融入学生平时生活中，通过密切接触学生，准确掌握每位学生的整体情况和表现，比如近期在学习上是否有压力、情绪是否稳定、同学之间的人际关系如何、生活中有没有遇到麻烦、班级中近期有没有好人好事发生等。班主任的细心观察还能更好地发现和培养班干部，提升整个班级的管理和建设水平。

（二）做"向善"的人生引导

"文舞相融，德艺双馨"，学舞先立德，这是北舞附中建校以来一直力倡的。学校一直把德育工作放在首位，为培养德才兼备的艺术人才而努力。学生要在学校生活学习6年，度过一生最美好的青春时光。这段时期对他们人生观、价值观的形成有着直接影响。中专时期的学生效仿能力极强，不管是好是坏，学得都很快。所以，班主任不仅要引导学生学知识、学本领，更要引导学生领悟做人的道理，学会做人。

班主任是学生成长中的关键性人物。俗语说："其身正，不令而行。其身不正，虽令不从"。因此，班主任要做到严于律己，以身作则，为学生做好榜样。每一位班主任心中都应该有为人师表的荣誉感和责任感，时刻充满正能量，保持积极阳光的精神面貌，时刻注意自己的言行举止。要求学生懂礼貌、守时不迟到、诚实守信，班主任首先就要做到这些。我回忆起学生时代的班主任，她是那时给我留下记忆最深、影响最大的一位老师，如今想来依然如此亲切、高尚。当时班主任的言传身教、身体力行，直到现在仍时时影响和教导着我。班主任对学生的教导和影响是巨大的，是其他任课老师所无法比拟的。当然，也正因为如此，班主任工作才不能有丝毫马虎，要以身作则，用自己的言行举止感染和影响学生，让他们遇见一个更好的自己。

三、班级管理中的"美"

班主任应该及时、准确地给予学生"赞美"。真诚的赞美是一种美德。每个人在成长过程中都是在别人的赞美声中感受被认可、被接受，内心因而获得满足感、自尊感。真诚的赞美不仅能给我们带来美好愉快的心情，也可以转化为源源不断的动力。在班级教育活动中，赞美是具有魔力的，它能够帮助师生间建立良好关系。相比严厉的批评，赞美更能使学生朝老师引导的方向更好更快地发展。班主任如果能及时发现学生身上的闪光点，准确适度地给予学生赞美，就能更有效地达到教育学生的目的，久而久之学生自然而然便会养成持久的良好行为习惯。如果看到学生身上的缺点，只要缺点与不足不涉及原则性问题，班主任同样可以用赞美代替批评，将"你怎么可以这样，你应该这样……"转换成"你做得不错，如果能……你将变得更好！"如此一来，教育效果就完全不同了。

赞美是一门艺术。老师口中的几句看似普通不经意的言语，能在学生内心产生剧烈的化学反应，从而激发出源源不断的动力，对孩子们的成长起到潜移默化的积极作用。赞美像春风一般让人温暖，有时甚至可以达到意想不到的教育效果。但是，并非所有的赞美都会产生效果，也不能让每名学生时时刻刻都能产生感动。所以，赞美之前班主任要了解每个孩子的性格特点，要学会欣赏学生身上的闪光点，要在赞美时运用一定的语言技巧，避免滥用或不准确使用赞美语言。对孩子们的赞扬必须是发自内心的，是有根据的、适度的，做到具体问题具体分析，恰到好处，根据不同的人、不同情况做出不同的处理，让孩子们真正从精准的赞美中有所收获，有所成长。

5年的班主任工作经历，是一个不断自我认知、自我成长的过程。在以后的班主任工作中，我会不断修炼，更新理念，有效反思，不断提升教育能力，与可爱的学生们一起成长。在这个过程中，我也希望自己能尽快从一名"菜鸟"班主任成长为一名合格班主任，更期待自己有朝一日能晋升成为一名优秀班主任。

中职院校立德树人有效途径的探索

张 瑶

摘 要：班主任教师在教育过程中不仅要传道授业解惑，而且要走进学生心灵，真正落实立德树人的根本任务。中职院校要积极探索立德树人的有效途径，将心灵感知心灵作为立德树人的基础，将春风雨露的教育作为立德树人的催化剂，将尊重学生作为立德树人的新常态，以"小举动，大智慧"让立德树人事半功倍。

关键词：中职院校；立德树人；有效途径

班主任作为一个班级教育的组织者和管理者，要时刻把握学生们的心理，并在此基础上因势利导、因材施教，帮助各种类型的学生健康成长，形成良好的思想道德品性。韩愈曾曰："师者，传道授业解惑也"，加里宁说："教师是人类灵魂的工程师"，也有人将教师比作"春蚕"，唤作"蜡烛"，而我认为，教师最质朴、最形象、最真切的比喻是"园丁"。学生是祖国的花朵，不论是默默无闻的野菊、幽僻孤冷的野百合或是娇艳欲滴的玫瑰、绚烂多彩的牡丹，都需要"园丁"精心呵护、修剪、施肥、培育，方能在春风化雨中静待花开。

一、用心灵感知心灵是立德树人的基础

从建立班级的第一天，班主任便承担起将几十个性格各异、基础不同的个体融合到一个班集体的责任。这就要求班主任学会站在学生的角度思考问题，多一份理解与体贴，和学生成为朋友，换位思考处理与学生之间的问题，认真负责地做好班集体建设的每一件事，在帮助学生提升学业成绩的基

础上，注重学生良好人格品质和行为习惯的养成。

（一）亲其师，信其道

在德育工作中，班主任要"急学生之所急，想学生之所想"，积极与学生进行心与心的交流，尽可能拉近教师与学生间的距离，消除学生对教师特别是班主任的抵触心理。教师用心灵感知学生的心灵，这才是德育的基础。在教学过程中，我们经常会发现一些性格孤僻的学生。他们不善于交流，性格消极且不能把精力完全用在学习上，经常不能按时完成作业，甚至有时会出现旷课情况。针对这种类型的孩子，班主任和任课老师不能一味要求学生好好学习、及时完成作业，而是要及时地与其沟通交流，了解他们真实存在的问题，找到让学生们不能全身心投入学习的痛点，并及时进行疏导和解决，让他们感受到教师的爱和同学的爱，帮助他们走出现实困境，更好地成才成长。"班主任在日常生活和工作中，也要注重对学生进行人生引导，对他们的成长发展加以关注，加强对其成长阶段易发问题的研究和防范"[①]。

（二）感知心灵，守护心灵

处于青春期的孩子们，最需要父母和师长给予一定的关心和尊重。这个阶段的孩子们通常都有较强的自尊心，而老师更要守护好孩子们的自尊，帮助他们获得自信。在日常工作中，班主任应该做到一视同仁，不能因为个别学生成绩优异就一味赞同并给予过分的关注和尊重，这样也许会助长这些学生恃宠而骄的不良心态。对于成绩较差的学生就更不应该特殊对待，要一视同仁，不要让成绩较差的孩子们的自尊心受到打击，更不能泯灭他们想变优秀的愿望。这样学生内心感受到教育的公平，自然就能接受老师的教导，更有利于班主任工作的顺利开展。

---

① 胡国伟：《关于青少年德育工作的思考》，《西部素质教育》2019年第23期。

二、春风雨露是立德树人的催化剂

"师爱"是教育的灵魂。班主任对学生的爱,如同春风雨露。这种爱不仅体现在对学生学习和生活的关心,更主要的是要走进学生的内心,在他们孤独无助、腼腆退却、自尊受伤的时候挺身而出,护佑学生的心灵。班主任的爱还体现在以身作则的自律和身体力行的为人师表上。

(一)不忘初心,做有温度的教育

新课程改革标准要求教师改变教学方法,将之前的讲授式教学转变为自主合作探究的学习模式。但是,这种学习模式对于性格内向、胆小腼腆且基础相对较差的学生来说未必适合。这类学生一般在学习上很少表现出较强的主动性,很少独立表达自己的想法,结果导致他们成为学习的旁观者,久而久之便会影响其学业进步和身心发展。针对这类学生,班主任要及时捕捉他们的心理动态,进行正确、正面的引导,从小事出发积极鼓励学生。例如:在学生课外活动中,班主任发现一些性格开朗的学生在一起玩益智游戏,而他们旁边有很多生性胆小的学生只是围观且投入羡慕的目光。此时,班主任可以主动加入游戏,组织旁观的学生也加入游戏,邀请表现积极的同学一旁指导,让学生们在活动中彼此了解,一起学习一起玩耍,在愉快的游戏氛围中使学生们增长知识,增强同学间的友谊,同时帮助性格孤僻的学生克服不良心理,增强战胜困难的信心,让春风雨露滋养到每一个孩子,帮助他们一起茁壮成长。

(二)为人师表,做学生的表率

"班主任属于班集体的组织者与教育者,在学生全方位成长过程中有着极为重要的作用。班级管理属于一门科学,良好的班级管理决定着学生的思维发展情况,所以要想做好班级管理工作,班主任必须要重视自身作则,能够做好表率。"① "其身正,不令而行。其身不正,虽令不从。"由于学生模仿能力较强,在日常生活中接触较多的老师就是班主任,因此,班主任必须处处、时时、事事严格要求自己。如果教师的言行上不严谨,势必会不知不觉地对学生人格的健康发展造成影响。为人师表才会使学生受到如沐春风般的教育,从而净化每位学生的心灵。教师要以自己的思想品质、文化修养、知识水平、治学态度、生活作风及处事方法影响学生。正如教育家乌申斯基所说:"教师个人范例,对于青年人的心灵,是任何东西都不能代替的最有用的阳光。"

三、让"尊重学生"成为立德树人的新常态

尊重他人是美好品德的展现,也是一个人道德修养最好的见证。不论是在生活中,还是在学习中,教师都应该懂得尊重每一名学生,尊重不仅可以拉近教师与学生之间的关系,增加学生对教师的信任,加深教师和学生之间的友情,还能在一定程度上帮助学生提升自信心,让学生以更好的心态来面对未来的学习和生活。

(一) 尊重学生的个性

教师应该尊重学生的个性,特别是班主任尤其应该从不同方面了解学生。当学生提出不同想法时,教师应该及时给予鼓励与支持,不可扼杀学生的创造力和想象力。教师应该尊重学生的付出,当学生在学业或集体活动中付出了努力,教师特别是班主任应该毫不吝啬地表达对学生们的赞美之情。教师的认可,可以帮助学生快速提升自信心,让学生更有动力去学习和创造,促进学生未来发展。

---

① 张小飞:《为人师表、做好表率对班主任工作的意义》,《中国农村教育》2020年第8期。

（二）鼓励先进，鞭策后进

作为一名合格的教师，要会合理地赞扬或批评学生。只有这样，才能鼓励先进，鞭策后进。当大部分学生都犯错时，班主任要做的不是一棍子打倒一大片，而应该首先反省是不是自己还能做得更好。对于个别学生的批评与表扬，也不宜过多或过少。不偏爱、不护短、不放松，公正通透，才能取得学生们充分的信任。班主任还要及时洞察学生的心理特点，找寻适当的方式进行疏导教育，使学生的身心发展好上加好。对于一些所谓的"问题学生"，更不应该只是一味批评。班主任一定要善于寻找新的突破口，挖掘学生的闪光点，充分肯定和鼓励，引导他们发现自己的优点并取得全新的进步，使他们在平等温暖的情感氛围中，自由愉快地生活和学习、成长和进步。

四、"小举动，大智慧"让立德树人事半功倍

班主任的职责就是要踏踏实实地抓好班级管理。这既是对学生健康成长的陪伴，更是爱的奉献。班主任应该切实地全程、全面地关注学生的品德思想、学习劳动、个性形成和安全保障等方面。班主任工作繁杂琐碎，一旦事无巨细，久而久之，只能疲于应对，效果反而极差。过"实"的管理，会把学生管"懒"，造成学生严重的依赖性。班级管理也不妨"虚"晃几招，将权力下放，让全员参与，充分发挥学生的自治能力，让整个集体"人人有事做，事事有人做"，实现能力的培养和人格的完善。

触动灵魂的教育才是真正的教育。班主任的德育工作是一项艰苦而耐心的工作，任重而道远。要想做好学生的德育工作，教师在平常工作中要勤总结，多思考，把合理的教育方法用艺术性的方式加以落实。不坠青云之志，不改育人之乐。孩子们的心灵田野并不肥沃，期待每一位教师都能将立德树人化为阳光、化作雨露，滋润一批批破土而出的幼苗，使之开出美丽的花朵，结出丰硕的果实。让我们一起春风化雨，时光不语，静待花开，成就每一名学生的未来。

参考文献

[1] 胡国伟:《关于青少年德育工作的思考》,《西部素质教育》2019年第23期。

[2] 张小飞:《为人师表、做好表率对班主任工作的意义》,《中国农村教育》2020年第8期。

浅谈班级浸润式教育的实践探索

廉　欣

摘　要：在对班级浸润式教育的探索中，笔者尝试应用差异化教育方式面对不同环境和不同背景的学生，注重对低龄学生的人格引导，与学生进行沟通和鼓励，缓解学生压力，对学生的身心健康发展提供精神保障。

关键词：浸润式教育；差异化教育；人格引导；师生关系

岁月如流，时光如梭，转眼间，距离我第一次成为"班主任"已过去了12年。从封闭式校区到开放式校区，从2008年全民抗击非典到2020年全民抗击"新冠"病毒，我陪伴孩子们仰望星空，脚踏实地，共同成长，一起进步。和他们在一起的每一天都值得铭记，愿所有一起度过的岁月都惊艳了时光。

一、开放和凝聚：新时代差异化教育方式

不同环境可衍生出不同的教育方式。我担任班主任期间，经历了从香山校区搬到紫竹院校区的迁移过程。原有封闭式环境下的半军事化管理显然已经不再适用于新的环境，学生们在紫竹院校区学习和生活拥有了更多的便利，也让学生们接触到了更广阔的世界，同时也面临更大的诱惑。新环境下，学生更容易产生敏感、骄傲、懈怠等消极情绪，影响到学习和练舞的态度。作为班主任，我必须拥有敏锐的洞察力和足够的耐心和细致，对学生的成长过程进行深度掌控，迅速发现问题并对学生进行引导，在问题暴露之前就及时解决和做出应对。

我带的是2018级学生。在开放式管理环境下，我对学生接触到的外部

社会存有一定的警惕性。我主动了解他们的社交圈及社交活动，及时纠偏。在面对外界诱惑时，我经常主动和学生们探讨舞蹈相关的知识，想尽办法丰富自己的专业课程内涵，在课上和课下用多种方法引导学生们对专业产生兴趣，从而更加专注课业，拒绝外界诱惑。

我在关注班级凝聚力建设的同时，亦引导孩子们个性化发展。时代不同了，家长们趋于年轻化，经济条件的宽裕也使得为数不少的家长更加宠爱孩子，孩子们也都更具个性。面对不同类型的孩子、不同类型的个性，更需要班主任进行正确价值观的引导，引导学生增强团队意识和集体意识，让班级拥有强劲凝聚力。在赛场上或者表演中，我一直向学生们强调，"在合作的基础上产生价值"，赛场上的对手也是同伴。优秀的竞争对手鞭策自己前行，同班、同校的同学更需要关心和助威。我在引导学生们相互关爱的同时，也避免了一些校园霸凌行为的发生。

我认为，班主任应注重培养个性。精细化教育要求因人而异，不仅要把握好鼓励和批评的度，甚至要考虑无数种用心的方式去对待每一个学生，启迪智慧，感召真情，以德服人，真诚待人。班主任在和学生平等对话的基础上，要注重孩子们自己的成长路线，充分信任和理解他们，尊重孩子们的自我选择。

二、成长和进取：人格引导中的教育金字塔建设

言传身教、共同成长的教育方式更容易让学生接受。与其他教文化课的老师不同，我和学生都是国标舞专业出身，深刻理解学生的心境和情绪，更能体会他们可能遇到的问题和困难、可能遭到的挫折和打击、可能经历的起起落落、可能面对的风风雨雨。他们所处的环境和承受的压力、他们的渴望与期待、他们的取舍和选择，我都曾亲身经历和体会过，所以，我愿意站在学生们的角度上用亲身经历给他们提供参考意见，帮助他们处理具体问题，对他们进行心理疏导。

在和学生共同成长的岁月中，我的心思变得更加细腻，更能敏锐地发现他们的问题，更具责任心和耐心，主动沟通，善于聆听。作为年轻班主

任，我更了解学生，更了解青少年学生的心理状态。经历了两届学生，我逐渐掌握了学生的成长规律。时代的变化，导致孩子们成熟年龄偏早，青春期和叛逆期都会提前到来。因此，班主任更要重视孩子人格的建设，建立正确的"三观"迫在眉睫。养树重在养根，成材管理重在育苗。只有成长初期形成正确的"三观"，未来的路才不易走偏。以"教育金字塔法则"静待花开，在尊重他们个人发展路线的同时，引导学生们树立正确的"三观"，奔向美好前程。作为班主任，我希望能引导孩子们成为一个"大写的人"。

三、沟通和鼓励：良好习惯养成始于足下

班主任要加强和学生的沟通与鼓励，多方面、多环节、多渠道、立体全面地掌握学生的身心发展状况，包括思想状况、个性特征、兴趣爱好等。

针对住宿学生，我和宿舍阿姨、家长密切沟通，借助后勤和家委会力量了解孩子在老师背后的样子，也了解孩子的生活习惯。对于离家较远的学生，我会适度给予更多的关爱，建立良好的信任关系，从而了解到更全面、更真实的情况。

针对专业课下的交流，我希望能够让学生们更了解国标舞的特点，认识到舞伴关系、舞伴合作的重要性，更早地帮助他们建立合作意识，提高学生的社交能力，以舞伴关系维护引导学生在和他人交往过程中互相帮助，在舞伴之间发生矛盾和争论时学会忍让与包容，在专业道路上与舞伴互补与坚持。我希望带给学生的不仅仅是专业知识，更是作为班主任的育心之爱。

针对比赛和文化考试，我希望引导学生们正确看待得失和输赢，认识存在的问题但不能气馁，成绩好也不能骄傲，成绩不代表全部，眼下的成绩不代表永远的成功，脚踏实地的同时更要仰望星空，征途漫漫，学习和奋斗永不止步。在比赛出行中，我注重学生们的习惯养成，男生帮女生拿箱子，在赛场上互帮互助，路上相互照应，保证出行安全。班主任同时也是班级大管家、大家的心理医生，我希望真心对待每一个学生。比起老师和朋友，我更像是他们的家人，希望他们天真而不幼稚，勇敢而不鲁莽，知世故而不世故，胆大心细有担当。

教育是心灵的艺术，班级是师生共同的精神家园。面对知识经济对于艺术人才的需求，班主任工作应坚持理性反思、科学扬弃、勇于探索、锐意创造，转变新观念，解决新问题，探索新路子，总结新经验，用心促进学生精神不断发育、能力不断增长、个性不断发展、潜能不断激发、后劲不断展现，帮助学生德行向善、人格向上、做人向好、欣赏向美、求知向真。陪伴是最长情的告白，作为班主任，我希望在平凡的岗位上实现自己的价值，从润物无声中收获快乐，品味幸福。

浅议班会在中职院校德育工作中的实践价值

江秀红

摘　要：主题班会是中职院校开展德育工作的重要抓手，是班主任管理、引导和教育学生的重要阵地，也是学生展现自我、锤炼自我的活动平台。班会有利于形成良好的学会班风，有利于提升学生自我教育、自我完善能力，有利于推动学生将职业理想化作专业行动，有利于培养学生的家国情怀、人文情怀和世界胸怀。中职院校主题班会的开展要遵循学生专业特点与成长规律，满足学生职业发展的需要与期待，将专业知识与思政元素交织相融、融会贯通，提升立德树人的成效。

关键词：中职院校；主题班会；实践价值

班会是班级文化的体现，是学生心灵发育的场域。中职院校德育工作要求根据学生的年龄和专业特点，围绕社会主义核心价值观教育、心理健康教育、法治教育等主题开展班会课活动，发挥强大的育人功能，形成育人几何效应。有情有义有温度的班会课，能让学生置身其间，愉快向上的情感油然而生，能够达到"润物无声"的教育效果。

作为已经肩负十几年班主任工作的我，特别深刻地感受到班会课的重要性。富有内涵的班会不是简单的说教与复制，它需要班主任具有一双慧眼，敏锐的洞察力，准确地捕捉到学生学习生活中出现的事例，设计不同形式的主题，与同学们一同研究讨论、寻找问题的答案。积极向上的班会对于正处在重要时期的青少年来说，在树立优良品质、形成健全人格、健康的心理乃至一生可持续的发展等方面的作用不可估量。

一、班会有利于形成良好的班风学风

记得曾经刚接手一个新班，有一天我去宿舍检查卫生，公寓阿姨无意中跟我提到班里一个女生把冬天的厚衣服拿到水房自己手洗，大家特别不理解。很多孩子都娇生惯养，花钱大手大脚，谁还会在乎洗衣服的几块钱呢？是啊，我当时也有疑问，想着后面一定有原因。于是，我把她叫到办公室，跟她唠起了家常。她的家庭条件很不好，母亲在家一边务农一边照顾他们兄妹三人，父亲一人打工挣钱，微薄的收入还要赡养爷爷奶奶。当我问道：你到北京学习，是不是对家庭也是很大的负担时，她看着我，慢慢地摇了摇头，接着又点了点头，而我分明看见了她眼里的泪水。我把这一周的班会主题确定为"因为爱"。在班会上，我告诉所有学生，因为爱舞蹈，你们考上了北舞附中，说明你们每个人都很优秀；因为爱孩子，你们的父母竭尽所能付出所有，只为圆你们一个舞蹈家的梦；因为爱学生，国家每年都会给困难家庭的学生提供助学金，对于学业优秀的学生，学校还会颁发奖学金。汇聚所有的爱，只为让你们在更大的舞台上展现与超越自己。我走到那个女生身边告诉她："在老师心里，你和班里其他40名同学一样，没有人会因为你的家庭条件差而轻视你。班里的同学不会，老师更不会。你完全有可能凭借自己的努力改变个人和家庭的命运。只要把埋怨出生环境的情绪化为刻苦学习的动力，你离目标一定不会远。想一想，有一天，你的弟弟因为有你这样的姐姐而备受同学羡慕；你的父母因为有你这样的女儿而感到无比欣慰；你的老师因为有你这样的学生而感到无比骄傲。还有比这更觉得幸福的吗？这才是真正的了不起，这样的人生才最有意义！"这时，班级很多同学都纷纷点头并承诺，一定要刻苦学习，不辜负父母老师的期望，不在物质上攀比，并自愿形成多个互助小组，携手并肩。这时她的眼泪夺眶而出。此刻，每个人的心都紧紧地连在了一起，大家互相鼓舞，汇聚成强大的班级凝聚力。

班会主题应当深入学生的学习与生活，因事而化、以情感人。遵循育人规律，给予爱的教育，让学生学会爱的表达、拥有爱的能力。这样的班会才能拨动心弦、引起共鸣。

二、班会有利于提升学生自我教育、自我完善能力

对于附中学生来说，少小离家，学生容易家庭意识淡薄，在面对一些"人情世故"时会显得不够敏感，缺少互助意识，甚至在某些时候还会表现出自私冷漠。根据这些情况，我设计并开展了"我很善良""撒播爱的种子""友谊很重要""朋友的重要性""真诚的同路人""左手与右手，合作才会赢"等班会。

记得曾经有这样一个学生，任课老师一致评价她学习刻苦，专业突出，各方面都很优秀。一天中午，我去公寓巡查时注意到，她跟宿舍同学关系很紧张，同学眼里的她与任课老师的评价完全不同。经过深入了解，我得知这个学生平日受宠娇惯，父母在家安排保姆照顾，所以到学校以后也经常指挥别的同学为她干这干那。因为她爱干净，就不允许她上铺的同学上床时触碰到她床的任何部位，宿舍同学都对她有意见，公寓阿姨多次帮助她，也不理不睬。我决定利用班会时间进行教育。我选了一些身边的事例，让学生用表演的形式情景再现宿舍生活。在班会快结束时，这名女生突然站起来，向全班同学承认了错误，同学们惊诧地望着她，我提议大家为她勇于承认错误而鼓掌，宿舍同学含着泪互相拥抱。这次班会在笑声中开始，在泪水中结束，这中间的时光就是心灵碰撞后的感动与成长。

我常常在班会中发动学生积极参与，用学生所学的专业语言表现生活事例，引导学生认识错误，改正错误。这样的批评没有剑拔弩张，既保护了学生的自尊心，又能达到教育目的。教育的原则不是说教，而是浸润。有内涵的班会可以激发学生自我教育、自我完善的潜能，澄清是非，提高认识，铸造健康的人格。

三、班会有利于推动学生将职业理想化作专业行动

对附中学生来说，专业训练与文化课学习如何做到互相兼顾、做到心中有数、做到自我管理，这些都需要班主任及时发现问题，因势利导。班主任既要对学生给予有效的指导与帮助，又要适当鼓励与培养学生自己独立处理

问题的意识与能力。为此，我会设计一些以责任、理想为主题的班会活动，比如"学习方法有讲究""做有责任的人""细节决定成败""我能行""我与目标的距离""崇高的理想，成功的一半""超越梦想"等，告诉学生只有担当责任才能让青春展现最大价值，让勤奋学习成为青春的主旋律，让超越自我成为青春搏击的正能量，梦想本不会发光，发光的是顽强拼搏的精神。

每一次主题班会从根本上说都是一次育人工作，必须围绕学生、服务学生。班主任通过形式多样、生动活泼的主题，将知识传授与价值引领交织相融，增强学生的专业素养，坚定职业理想。

作为中职院校的学生，每天坚持不懈的刻苦训练与永不放弃的决心，是他们走向成功必须具备的心理素质。因此，班会课在育人品质上要有深度浸润。如今的学生是在互联网环境下成长起来的，班会形式也要积极顺应学生学习方式的转变，积极尝试现代信息技术，善于创新，因势而新。我会在班会前采集素材，用视频方式直观展现奋斗之光、拼搏之美。新华社官网推送的视频《面朝珠峰　群山回响》，让我们一起致敬用热血与青春诠释忠诚与担当的开路先锋；《追求极致》则用很多冰舞选手的事例告诉同学们要有精品意识，没有最好，只有更好。

在这次突发"新冠"疫情的背景下，我在安排好学生居家时期的学习和生活，引导学生学习疫情中的英雄事迹，做好疫情危机下学生的心理疏导，帮助学生构建积极健康的心理防线的同时，举行了一系列富有内涵、高质量的网上班会。我抓住契机，以"面对疫情，作为学生应该怎么办""学习疫情中的英雄事迹""我为自己是中国人而自豪"为主题，结合时事新闻及视频，开展讨论"最美逆行者"的话题，对学生进行爱国主义教育，敬畏自然、尊重生命的教育，引导学生不聚集不聚餐，停课不停学，用实际行动致敬一线抗疫英雄。同时，我还帮助学生了解疫情背景下自己可能出现的不良情绪，正视紧张、烦躁、焦虑情绪，学习自我管理情绪的策略和技巧，使学生懂得出现不良情绪时如何沉着应对。疫情背景下的特殊班会在培养学生拥有理性平和的健康心态，锤炼工匠精神，成长为社会主义核心价值观的坚定信仰者、积极传播者、模范践行者等方面发挥了重要作用。

四、班会有利于培养学生的家国情怀、人文情怀和世界胸怀

有些班会要根据节令、纪念日、中国传统文化等,结合学校重要活动确定主题。这些班会往往令学生能更深刻感受节日或纪念日的气氛和意义,围绕中国特色社会主义和中国梦的教育主题,明确追求真理、勇攀高峰的责任感与使命感。比如"新学期、新目标、新起点""感恩母亲""奋斗的青春最美丽""劳动最光荣""阅读越美""传承家风家训,弘扬传统美德""情系端午"等班会,因时而进,灵活设计,巧妙组织,不仅培养了学生优良的道德品质和高尚的情操,而且还能让学生在一样的日子获得不一样的感受。

主题班会作为德育工作的重要抓手,具有灵活、多样等独特优势,能把专业特色与弘扬真善美相结合,为学生指明成长方向。班会的作用是将人生价值塑造、专业技能传授和个人能力培养三者融会贯通,能够提升思政教育的亲和力与针对性。

开好班会是一门学问,需要我们用心用情,不停地探究与学习,更需要不断实践。用好班会课堂,让思政元素贴近学生生活,用亲和且易于接受的形式,与专业知识、专业精神合而为一。班会有情有义有温度,才能真正彰显润物无声的教育效果。要让班会课成为学生终生难忘的一课。

育人有心，雪落无痕

黄 薇

摘 要：班级德育工作应当做到春风化雨，润物无声。在实际工作中，润物无声的德育贵在用心，要讲求教育时机，要注重工作技巧，这样才能做到育人事半功倍。

关键词：无痕教育；班主任；德育活动；教育时机

泰戈尔有句诗："天空没有留下翅膀的痕迹，而我已飞过。"我想教育也应如此，教师在教育过程中应把教育目的隐蔽起来，通过间接、委婉的方式，给学生以教育，让学生积极主动地学习知识，在潜移默化中形成能力，逐步成长。教师教育学生的过程中不留痕迹，让自己的精神养分随风入夜，润物无声。

一、"润物"贵在用心

班主任要做一个有心人，细心人，热心人。学生甫一进校，班主任就要了解学生的性格和家庭情况，只有对班内每个孩子的脾性了如指掌，才能在教育学生时有的放矢，游刃有余。

班主任要做细心人，善于观察学生。我校学生进校年龄小，又都寄宿在校。班主任不仅要关注他们的学习，更要关注他们的生活和精神世界。在他们成长的每个阶段，老师都不能缺席。当然，老师不可能时时刻刻看着学生，与学生朝夕相处的是他们的同学。学生在学校生活中容易受同龄人影响。如果一个宿舍、一个班级风气正，同学关系融洽，有较好的榜样人物，那么这个班就会积极向上，有较好的发展趋势。所以，班主任首要从大处落手，建设良好的班风，培养优秀的班干部，充分利用"同伴教育"效应，让学生管理学生，培养有担当、敢说敢为的班干部。我班最让人头疼的小杨同学，有次晚功课上趴在练功垫上偷玩手机，班长看到后，立马阻止他，并表示要告知班主任。小杨一怒之下踢破了暖气片的护板，班长第一时间就告诉了班主任，让班主任能及时了解和处理此事，后来就没有再发生此种情况。小杨同学受到警告处分后，意识到自己的错误，后期也不敢造次了。

　　班主任要有耐心，责任心，才能真正地带好班级。某个清晨，上课前20分钟，突然班内两个男孩冲进了老师办公室，其中一个孩子一见到班主任就委屈地号啕大哭，另一个两腮鼓鼓好似很生气的样子。我问明了原因，原来刘同学生病不能上早功课，委托李同学向老师请假，结果事后老师还是责备了小刘。于是，小刘误认为小李没有替他向老师请假，于是一腔怒火都撒在了小李身上。班主任首先打电话向早功课老师确认小李的确帮小刘请了假。小刘的怒色虽稍有缓和，但他有些得理不饶人。我严厉地批评了小刘，和他讲了两点道理，其一，拜托他人，是因为自己信任别人，既然信任就不要怀疑。其二，请同学帮忙，同学答应帮你，那是他助人为乐，不是他应尽的义务与责任。小刘听后，觉得有理，自觉诚恳地向小李道了歉。此事处理后，我并未就此作罢，考虑到小刘这种行为背后是他的骄纵、自私、不会与同学相处、不能够换位思考。他的情况肯定不是个例。这些学生刚进入集体生活，不知道怎样与同学相处，如不加引导，今后肯定还会出现类似问题，不利于班级和谐。于是，我一方面与小刘家长联系沟通，让家长知晓事情始末，同时也让家长与小刘交流为人处世之道。另一方面，我就此事专门策划了一次有关同学之间怎样和睦相处的班会课。事实证明，这样做是有效果的，我班学生三年来相处融洽，即使偶有争执，也会很快解决，不用老师介入调解。可见，学生出现问题后，班主任不仅要妥善处理，更要不怕麻烦，深度思考事件背后的原因，找到问题症结，才能彻底解决。

　　班主任要做有心之人、热心之人，关心学生，爱护学生，懂得学生，与学生建立良好的信任关系。我班初二学期末召开家长会。在班级门口，我刚好碰到小孙带着表姐到班级开会，我瞥见小孙眼圈泛红，情绪有些低落。根据我对小孙的了解，我想她肯定对妈妈没能来开会有想法。开完家长会后，我赶紧给小孙妈妈打电话了解情况，发现果然如此。小孙妈妈由于工作繁忙、家庭变故等原因不能经常来京看她，小孙感到很失落，亲子关系出现问题。这个孩子平时性格执拗，容易钻牛角尖。我了解情况后，找小孙聊天，让小孙主动说出自己的委屈，我积极疏导她的情绪。我与小孙逐步建立起了信任关系，她有什么心事也愿意向我倾诉，听取我的意见。所以，这个学生即使后期出现一些问题，老师也有信心与她进行有效沟通。

二、"润物"要讲时机

班主任要善于掌握教育时机，争取时机，等待时机，利用时机，创造时机，让教育在不知不觉中开始，循序渐进中完成。尤其是当学生犯错后，老师首先要控制自己的情绪，第一要紧的是分析原因，找到原因后要想着怎样有效解决，怎样教育引导学生，杜绝类似问题重复发生。我班有一位学习成绩优秀的男生在某次大会集体唱国歌时嬉笑，当其他班的老师批评他时，不立即改正，态度不好。当了解到这个情况后，我首先严肃批评这位学生对国歌、对老师不尊重的错误行为，然后请家长来学校，让犯错学生自己说原因。解决办法是要把道理讲透彻，让学生真正明白，他才能信服，才能明白事理。老师需要有一双慧眼，从学生的日常行为中发现问题，抓住契机开展教育，往往事半功倍。

三、"润物"需重技巧

班主任要勤学习，善思考，讲究工作的方式方法，抓住一切能利用的资源，让工作效率最大化。

（一）班级文化建设中体现德育内容

我利用教室内两块软板作为主要宣传阵地，一块用来展示学生的才艺作品或是优秀作业，另一块软板配合相应的传统节日、学校活动每月一更换。开学之初，我们展示的是学生假期做的优秀读书小报。这样做的目的在于鼓励做得认真的学生,激励那些学习态度马虎、不踏实的学生,让他们看到与优秀学生的差距,从而审视自己,端正自己的学习态度。板报会配合中秋节和国庆节设计主题。负责板报的学生在查阅资料过程中了解中国的传统文化、新中国辉煌发展历程,在设计板报过程中逐步形成自己的思考,把了解到的知识内化。学生天天看着板报内容,也能从中获取一些知识,受到一些教育。

(二)合理规划班级德育活动

开学初,我就制定好了一学期的班会活动,每月根据计划开展主题班会活动。每次活动前,需要学生准备的部分,我都会提前告知,保证活动质量。如十月的主题班会是"我与祖国"。我在国庆放假前就布置了相关作业。让学生认真观看国庆70周年阅兵式,写下自己的感、思、悟。回校后,每位同学都从三个方面由浅入深地谈自己与祖国的关系,让学生真正明白个体与国家的紧密联系,从而达到爱国教育的目的。

(三)利用网络资源开展德育工作

班主任平时应精心挑选一些优质的视频资源,利用班会课让学生观看,并在学生看完后,就所看内容发表意见,形成文字。如谈到"职业精神",首先要让学生了解何为职业精神,其实就是"匠心"。那是一个怎样的标准,如果老师只是口头讲述理论知识,学生没有深切体会,这个教育就会流于形式。我给学生放映了纪录片《大国工匠》,学生看到一个个具体可感的实例就明白这群不平凡劳动者的成功之路,不是进名牌大学、拿耀眼文凭,而是默默坚守,孜孜以求,在平凡岗位上追求职业技能的完美和极致。看完影片后,我让学生想想自己身边是否也有这样的人,从而思考自己该怎样对待自己的学业、职业。总之,班级德育工作要贴近学生生活,让学生觉得所有的事情都是和自己紧密联系的。同时,要从学生的兴趣出发,设计相应的活动,这样的德育才能切实高效。

"苔花如米小,也学牡丹开"。每个孩子都独一无二,都有无限可能的前途。班主任要重视每一位学生，用关爱之心，用无痕之教育，在学生的人生路上留下浓墨重彩的痕迹，帮助纤弱小树成长为笔直的参天大树，力求让每个孩子都成为最好的自己。

以美育促进德育的实践探索

杨 洋

摘 要：美育对德育具有重要意义和独特作用。作为实施美育主要途径的学校艺术教育理应承担起新的历史使命和时代责任。舞蹈教学应立足时代，找准问题，探索新时代以美育德的实践路径。

关键词：立德树人；以美育德；美育；舞蹈教学

立德树人，所立之德是社会主义道德，所树之人是德智体美劳全面发展的社会主义建设者和接班人。美育是促进学生发展的重要手段，运用美育手段进行德育教化，是学生德育工作中的一项重要课题。美育对激发学生的道德情感，陶冶学生的道德情操，树立正确的三观具有不可替代的作用。早在我国古代，许多思想家就非常重视通过美育手段对下一代进行品德教育，强调通过美育"净化"人的灵魂，陶冶人的德性。荀子说："夫声乐之入人也深，其化人也速。"他指出了美育"入""化"的特殊作用。苏霍姆林斯基指出："美——是道德纯洁，精神丰富和体魄健全的强大源泉。"可见，美育对于德育具有重要的意义。新时代立德树人就是要将美育作为德育工作的重要突破口，以美育德，促进学生全面发展。

一、美育在立德树人中的重要意义

美育是以审美活动对人产生潜移默化的熏陶、感染，启迪人心，塑造人心，促进人的全面发展。艺术教育作为美育的核心内容，能够普及艺术的基本知识和基本原理，提高人们的审美修养和艺术鉴赏力，培养人们健全的审美心理结构，促进人们道德的完善和智力的开发，发展人的感知、理解、创造等诸种能力，培养全面发展的学生。美育具有审美认知、审美教育、审美娱乐等独特的功能和作用，具有以情感人、潜移默化、寓教于乐等特点，让青少年在美育的熏陶下尚德崇善、健康成长，对立德树人具有重要意义。

（一）美育为德育提供物质载体

美育为德育提供物质载体。以舞蹈作品为例，舞蹈作品的题材大多源于生活情节和故事，其灵感源自生活中迸发的情感起伏。舞蹈作品通过动作与音乐的融合引发观众产生共鸣。有的作品承载了对未来生活的向往和期待，有的作品展现了众志成城、守望相助的抗灾故事……作为一名舞蹈老师，在舞蹈教学中，利用意识的表达性、直观性、审美性融入德育，为德育提供实际的参照样式和情境体验，让学生在舞蹈实践和鉴赏中感受作品承载的情怀和传达的精神，在潜移默化中升华道德品质。

（二）美育提高德育的实效性

目前，学校德育以教师理论灌输为主。这种传统的教授方式比较枯燥，德育效果不言而喻，不仅难以吸引学生的兴趣，甚至还会让学生对德育课产生厌恶心理，无法满足学生的心理发展需求。这种纯粹传授理论知识的德育方式亟待改革，在美育中恰当融入德育或许可有效改变这一困境。美育过程中学习氛围活跃且相对轻松，学生处于比较放松的状态，在这样的情境里运用美育方法，通过感性引导，让学生潜移默化地被感染、逐渐学会审美，树立自己的价值观，对"真善美"形成自己的判断。通过美育德育化，能够大大提升德育的实效性，让学生在不知不觉中建立优良的心理素质、健康的审美观点、高尚的道德情操。

二、以美育德的现实困境

教育的根本任务是立德树人，尽管在实际的舞蹈教学中我们会反复强调"德育为先"，在具体操作中我们也会据此竭尽全力，通过各种途径、方式和活动去引导和培养学生良好的意志品质、道德情操，但仔细琢磨，认真反思，我们总会觉得举步维艰，收效甚微。笔者认为，以美育德存在一些困境。

（一）美育德育刻板化、应试化

影响美育、艺术教育在德育中地位的落实，主要还是育人观念问题。现在，社会进入转型期，人们觉得知识和分数是最重要的。现在有一种说法叫"分数决定命运"，可见，高学历竞争十分激烈。这种观念是相当功利、片面的，也是相当浮躁、很不理性的。然而，这样的观念却成为了社会的主流倾向，形成了令人非常头痛的社会问题——应试教育。教育长期过度注重应试，以至于很多学生的想象力、创造力没有得到开发。老师大多是机械地将知识传授给学生，过于压抑学生的个性，长此以往形成一种学生有异议不敢言、有想法不敢做的现象。以舞蹈学科为例，舞蹈艺术现今也面临这样的问题。大多数舞蹈教育工作者在教学过程中过于注重技术训练，忽视了学生情感、感受力、想象力、创造力的开发，使得很多舞蹈教育应试化、刻板化。这种情况对德育、体育、美育和劳动教育都造成了重大的冲击。在学校教育工作中，德育常常不到位，体育和美育更是被边缘化，根本原因还是社会就业竞争太激烈。这种观念的形成，也与当前的考试体系有关，主要还是考有关知识的课程，即所谓的"主科"。音乐、美术等一些同样重要的科目，因为不进行升学考试，常常被人忽略，这就使得美育难以在德育中发挥作用。

（二）德育形式化、理想化

德育形式过于单一和刻板，德育内容相对枯燥，德育难以达成立德树人的目的，严重脱离实际需求，流于形式。随着社会经济的发展，价值观偏离的现象屡见不鲜，社会实际道德标准与德育理论内容存在严重出入。目前的德育讲求理论灌输、约束自我行为和欲望，大力倡导和弘扬奉献与牺牲精神，忽视了作为个体的人的需求。德育脱离实际，远远偏离了作为个体的人对幸福生活的美好追求。德育理想化并不能解决社会现实的德育需求，在关注实效性的同时，缺乏美育所关注的个体对美的追求与体验。德育的形式化、理想化，使其成为独立于生活之外的"无用功"。

三、润物无声中实现以美育德

重视美育教学，坚持立德树人，弘扬中华美育精神，培养德智体美劳全面发展的人，是我们追求的教育目标。作为艺术教育工作者，我们要"以情优教，以美化人"，用美育的方式，将德育融入美育课堂，让学生在春风化雨、润物无声中向着成为德智体美劳的社会主义接班人的目标进发。

（一）以身作则，春风化雨

子曰："其身正，不令而行；其身不正，虽令不从。"要培养五育并举、全面发展的社会主义建设者和接班人，作为"学高为师，身正为范"的人民教师，更应该做到德才兼备。老师是学生最直观的榜样，对学生的品行产生最直接的影响。作为艺术教育工作者，要努力向着德艺双馨的方向发展，用自己的言行影响、教育学生，以德服人，做好"人类灵魂的工程师"。舞蹈教学要求学生关注并模仿老师的每一个动作和姿态。在这种关注、模仿的课堂氛围中，老师的品德、性格、为人处世的方法也很容易对学生产生影响。作为舞蹈文化的建设者和传播者，舞蹈教师要不断提高自身素质，加强专业学习，提升专业技能，也要不断加强思想道德建设。在课堂中注重强化学生的思想教育，事事以身作则，处处为人师表，强化情感教育，关心、爱护、体贴学生，既当严师又做慈母。教师要用对学生强烈的爱和平等的尊重，激发学生对老师的崇敬、信任和亲近。只有在师生互相信任、喜爱的基础上，才会引起双方精神信息的"共鸣"。舞蹈教学要坚持德育为首的原则，做到以情动人，以理服人，在润物细无声中传播榜样的力量。

（二）创设情境，自然渗透

造成青少年学习困难的最重要原因，很大程度上是因为我们的教育模式难以吸引学生的注意力，纯理论式的教学难以达到良好的教学效果。特别是对现代学生而言，他们得益于现代电子设备和网络的便利，经历过游戏、短视频平台等电子媒体"快餐文化"的洗礼，相对枯燥和单调的课本知识已经难以吸引他们长时间的注意力。在这一大背景下，舞蹈教育要注重情境教学，将道德教育寓于美育之中，既能提高德育的实效性，减少枯燥的理论灌输，又能增强美育课堂的文化性。事实上，任何有效的教育都始于对学生真实生活与已有经验的充分挖掘与利用。舞蹈教育就是要挖掘学生生活世界与舞蹈之间的关系，以形象为主体的具象场景能引起学生身体的主动体验与积极参与。教师要引导学生"境中思""境中做""境中学"，在审美的愉悦中感知和内化德育内容，让学生的想象力得以发挥，表演意识获得释放，身体素养、人文素养与审美素养得以提升。

（三）讲究策略，宽严相济

教育的过程就像放风筝一样，既不能拽太紧也不能撒手。太紧了，风筝就飞不起来；撒手了，风筝就不知飘到哪里去了。同理，在以美育德的过程中也应当讲究策略，宽严相济。美育过程中的德育，要通过教师的循循善诱，充分调动学生各个层次的积极性、想象力。教师以恰到好处的审美化语言和动作充分挖掘艺术课程以文化人、以文育人、以文培元的特殊优势，将思想道德教育内容与艺术专业学科知识的内在意蕴相结合，在学生参与演出排练、进行艺术创作的过程中渗透道德、审美教育，以适当的力度和程度开展导向正确、主题突出、内涵丰富、形式多样，具有较强的时代性、创新性的教育活动，从美育出发促德育建设，以艺术形式达成育人目的。

站在新的历史台阶上，艺术教育工作者要有更加高度的自觉意识、更加明确的使命感，更加鲜明的价值态度与更加紧迫的责任感，在春风化雨、润物无声的教育教学中实现美以辅德，以美育德，让课堂审美化，让德育充满艺术魅力，围绕学生，关照学生，服务学生，向学生、向学校、向家长、向国家和社会交出一份合格答卷，为新时期立德树人贡献一己之力。

"以文化人"教育随笔

谈"三全育人"理念下的班主任工作

郭 松

2020年教育部印发的《高等学校课程思政建设指导纲要》提出，要紧紧抓住教师队伍"主力军"、课程建设"主战场"、课堂教学"主渠道"，让所有高校、所有教师、所有课程都承担好育人责任，守好一段渠、种好责任田，使各类课程与思政课程同向同行，将显性教育和隐性教育相统一，形成协同效应，构建全员全程全方位育人大格局。

当今，中国已经成为世界第二大经济体。我国在迅速崛起的同时也面临着前所未有的挑战。在这些挑战中，针对中国年轻人的精神殖民将是国家发展和国家安全面临的重大威胁。因此，做好学校思想政治教育工作，具有极其重要的战略意义。习近平总书记曾多次强调，我国的社会主义教育就是要培养德智体美劳全面发展的社会主义建设者和接班人，坚持把立德树人作为中心环节，把思想政治工作贯穿教育教学全过程，实现全程育人、全方位育人。每一位教师都要牢记嘱托，担当使命，做好育人工作。

中学阶段是学生"三观"形成的重要时期。中职院校班主任作为学生由少年到青年成长过程中的重要陪伴者，对学生的"三观"形成具有重要影响，是落实全面立德树人根本任务的重要力量。班主任应围绕这一中心任务，将"三全育人"的指导理念融入自己的工作中。

一、精研主题班会，开启一场心灵之旅

主题班会是班主任开展育人工作的重要途径，是落实学校德育工作目标的重要渠道，也是班主任育人能力的重要体现。班主任在工作中应有主动意识，精研主题班会设计，有计划地将思想政治教育元素贯彻到班会设计中，按照不同主题设计成不同的班会模块。"这些主题班会的模块既要最大限度

地涵盖德育内容，又要契合教育规律和学生成长规律；既要总揽几年的时效性，又要细化到每个主题班会的实效性。"[1]班会具有一定的自主性、灵活性、开放性，更利于学生广泛参与。"在班会课上，组织者（通常为班主任）或者教师参与者，往往会展现其非课堂知识传授的一面。因为在这种课程中，教师往往是通过一定的活动来达成与学生之间心灵的碰撞，是一场'走心'而'走脑'的互动之旅。"[2]一堂精心设计的主题班会，可以将空洞的说教升华为一场心灵之旅，让学生产生情感共鸣。

二、借助活动契机，培养学生责任意识

班主任要善于借助学生参加活动的契机开展思想政治教育，尤其是参加国际比赛、文艺演出、大型活动等，更能唤醒学生的责任意识和家国情怀。学生在参加国庆70周年文艺晚会排练的时候，班主任要引导学生认识到，这是用舞蹈作品向革命先烈们致敬的机会，是向为我们创造幸福生活、保卫幸福家园的英雄模范感恩的机会，是用舞蹈唤起中华儿女爱国情感、增强民族自信的一次教育活动。班主任只有让学生认识到活动的意义和自己的责任，学生才会更加珍惜参加大型活动的机会，在活动中也会更加注重自己的言行举止。

三、借助文艺作品，激发学生情感共鸣

艺术作品经过艺术家的加工锤炼，更能激发学生的情感共鸣，在对学生的思想政治教育中往往能起到事半功倍的作用。一段短视频胜过老师长篇累牍的说教，一部电影能够让人铭记一生，一本好书让人心灵悸动。当前，一批爱国题材的艺术作品不断问世，成为我们教育学生的好素材。班主任要善于积累这些感人至深的影片、故事、演讲、短视频、歌曲、书籍，让这些素材转化为教育资源。班主任可以根据这些作品设计活动，或是进行片段模

---

[1] 戎静：《"模块化"主题班会在新时代德育工作中的价值》，《中国教育学刊》2020年第S1期。
[2] 李昱萱：《中小学主题班会现状调查及分析》，《现代商贸工业》2020年第5期。

仿、体验人物情感；或是欣赏交流，升华思想认识；抑或是分析加工，改编成新作品。这些活动比单纯的说教更能入脑入心。学生可以从中获得思想的洗礼、情感的浸润。

四、培养信息甄别能力，自觉抵制网络谣言

网络时代，学生获取信息的渠道更加多样，获得信息的内容真伪掺杂，这给教育工作者带来严峻挑战。班主任只有在学生心中筑起一道防线，让学生学会去伪存真，甄别是非善恶，坚持正见真知，才能不被误导和毒害。

班主任在实际工作中一是要做好思想政治教育工作，增强学生的民族自尊心和自信心；二是要鼓励学生系统学习文化知识，形成正确的历史观，不满足于碎片化的认识；三是让学生了解网络谣言的共同特征，掌握甄别方法。这样才能在遇到这类信息的时候保持清醒头脑，不被迷惑。除此之外，班主任还应多关注学生阅读的书籍、观看的影视作品，了解这些作品的价值导向，或是通过与学生探讨，让学生自己发现作品是否存在意识形态问题，从而提高警惕性、产生抵抗力。

五、教师注意言传身教，关注生活点滴影响

班主任的言传身教对学生影响作用非常大，尤其是课余时间与学生接触、聊天时的话语和举止。学生更愿意接触一个有真性情的老师。课堂之外气氛相对轻松，学生与教师的亲切感会增强，这时，教师的言行举止更容易在学生心中留下印记。班主任往往不必长篇大论，一两句点拨的话或者自己的身体力行就能起到潜移默化的教育作用，触动学生，滋润学生的心田。因此，班主任不能忽视课下的育人之功，努力做到全程育人、全方位育人。

六、教育者优先受教育，做学生成长领路人

习近平总书记指出：教师是人类灵魂的工程师，承担着神圣使命。传道者自己首先要明道、信道。高校教师要坚持教育者先受教育，努力成为先进思想文化的传播者、学生健康成长的指导者和引路人。

《高等学校课程思政建设指导纲要》明确提出，要推动广大教师进一步强化育人意识，找准育人角度，提升育人能力，确保课程思政建设落地落实、见功见效。班主任肩负做好学生思想政治工作的重要职责，要做好这一工作，必须明确国际国内政治形势和思政课程的相关内容，充分了解思想政治教育的工作范畴。因此，班主任更要勤于政治理论的学习，不断提升自己的政治站位和理论水平，从国家发展和社会主义事业发展的层面认识人才培养目标和重要意义，明确责任与使命，做好学生在思想政治上的引路人。除此之外，班主任还要不断深入学习心理学、教育学理论，在实践中不断提升育人本领，这样才能让思想教育潜移默化地浸润到学生心灵。

总之，思想政治教育工作是班主任最重要的任务，是立德树人的核心工作。只有培养出思想政治合格的人，才不辱教育工作者的使命与责任。

论任课教师兼班主任的双重身份意义

乔俊梅

如何培养一个卓越的班主任团队，一直是学校教育中的重要话题。近年来，专业型班主任发展渐成热议。所谓专业型班主任，就是掌握了班主任专业技能的班主任，而非纯粹只承担班主任工作的班主任。班主任的职业化、育人的专业化会让教育更有成效，也更有温情。

学生来自不同家庭，个性相异，三观有别。如何在日常学习和生活中及时了解学生的思想动态，积极有效地予以帮助和引导，这就需要班主任拓宽了解学生的渠道。如果班主任兼任一个班级的学科教学工作，就多了一个了解学生动态的机会和窗口，有利于在与学生朝夕相处中增进师生间的思想和情感交流，为班主任工作扩展空间。本文拟从工作体验出发阐释新时期中职学校班主任双重身份对立德树人的重要意义。

一、以教学深化德育效果

无论是文化课还是专业课，实际上润物于无声的德育始终在进行着。树人先铸魂，这是作为教师应首先遵循的教育原则。英国教育家怀特海说："学生是有血有肉的人，教育的目的是为了激发和引导他们的自我发展之路。"我深以为然。教育就是承认个性，传播真理，激发并引导学生明志而愿意为之努力的过程。作为任课教师，传道授业解惑，激发引导成就，这无疑是师生之间精神交流与碰撞的珍贵过程。在这个过程中，作为班主任的任课老师，便有了深化班级德育的机会，毕竟于无声处的指点敲打胜过大张旗鼓的专谈专访。

首先，教学过程促进情感沟通。教师在教学过程中能及时掌握班级学习动态，并进行合理有效的调整。学生的学习状态不仅体现在成绩上，也不仅是与学生谈话过程中所了解到的"自己认为"。班主任兼任课教师，通过教学充分了解每个学生的学习习惯和学习能力，并且在一对一谈话的时候给予学生更行之有效的学习建议，唯有入心才会生情。同样，班主任作为任课老师也可以利用课间时间与学生充分互动，了解他们的生活情况，从学生传递的信息中把握他们的情感动态。只有懂得他们的悲悲喜喜，才能给予他们所需要的关怀。尤其是师生之间有了只有他们才懂的"梗"时，其中的融合度和信任感才会倍增。比如，歌舞2016级的作文课成就的很多"佳话"，成为了师生间调侃的暗语，不仅丰富了生活，而且也趣味化了作文课。曾经某同学笔下这样描述宿舍管理阿姨的训话："晚出者，××也。"当我读完这篇有着典型人物的作文后，孩子们哈哈大笑之余调侃道："这是一个掌握了判断句的阿姨"。这个例子也让他们懂得"什么人说什么话，才能把人物刻画到位"。再比如，某同学笔下的语文老师在发火前"面色平如大海"。后来，"平如大海"就成为我们之间心照不宣的快乐。有时候开班会的时候，我也会问问他们，看我今天是不是"平如大海"。孩子们就会一下子放松下来，更好地领会老师所要传达的教育信息。

其次，教学过程鞭策做事做人。有人说，教育就是要让学生懂得如何做人。做人是个终身的事业，如何在孩子们形成"三观"的中职六年中给予正确及时的引导，这就要求教育必须讲究时机。我认为，教室某种意义上说是允许学生犯错误的地方，班主任在接受并宽容学生犯错的同时必须予以及时有效的教育引导。班主任身兼任课教师，在教学过程中可以借助教学内容点拨学生。韩愈在《师说》中谈到"爱其子，择师而教之，于其身也，则耻师焉"。有个同学结合现实生活谈到这句话时说："我妈妈很爱我，给我报很多补习班，这是前半句；但是她自己不会主动探索提高自己，总是在沙发上刷娱乐小视频，这是后半句的现实含义。"不少同学对韩愈和这位同学的观点产生了强烈共鸣。在这个过程中，我也受到很大触动，进一步体会到"师者垂范"的重要意义。于是，我就在家长会的分享交流过程中，适时提点家长要时时刻刻为孩子做表率，唯有如此，孩子才会真的听其言而信其道。因此，教学相长不仅是专业技能的互促提高，更是一种德行的互相激励。

总之，任课教师兼班主任能在专业技能提升过程中更充分地了解学生，更好地加强师生间的情感沟通，在教学相长中实现德育的深化。

二、以管理实现学以致用

《中共中央国务院关于进一步加强和改进大学生思想政治教育的意见》指出：每个班级都要配备一名兼职班主任。以"三全育人"理念观之，任课教师兼班主任有利于全方位、全员育人。

班主任工作千头万绪，但无一不是关乎学生健康成长。在班级管理中，积极促进学生利用所学展示风采，这是任课教师兼班主任在班级文化建设中的有利条件。

首先，在管理中带动知识输出，培养学生的自信心。爱默生说："自信是成功的第一秘诀。"如何在学生成长情绪波动比较大的青春期帮助学生保持自信，最重要的就是要让学生有存在感、成就感，在内心坚信自己可以创造奇迹。班主任兼任课老师由于长时间与学生共处，深知每个孩子的特点，因此，在班级管理中能更好地进行智慧调配，给孩子更多展示自我的空间，让他们在班级活动中更好地展示风采。

借语文组教学改革项目的东风，歌舞2016级有了自己的文化产品，那就是《四世同堂》的节选——课本剧《小羊圈风波》。从语文课的名著阅读，到改编剧本选择，到举全班之力的排演。每一次探讨都是对作品理解的深化，每一次课下排练，都是孩子们在自己解读的基础上调动专业能力去诠释人物。无论是台词功力还是相互之间的配合衔接，都让他们从一言不合就罢工逐渐形成了"一棵菜"。在分工过程中，教师充分调动每个孩子的优长，有意带动班级中不太热衷阅读和不太自信于表演的孩子参与进来，让每个孩子都能在全班活动中有所获得。有的学生为了更好地拿捏人物角色，还去现场观摩学习《四世同堂》的话剧表演；有的学生为了写好旁白，反复措辞，在作品理解的基础上进行二度创作。虽然有的学生在过程中深感"导演"之难、"表演"之难，但活动结束后，班级里却形成一股前所未有的读剧本热，甚至还期待能有机会再演。

歌舞2016级的团学干部们参加竞选时的发言稿，虽然老师们笑称带有浓郁的"流派气息"，但是文采飞扬，情感激荡的表达也让他们脱颖而出。班级公众号里的文章屡被点赞，同样让他们士气倍增，深感学习有用。

其次，在管理中立德树人，培养学生的担当意识。班级管理的关键，在于形成良好的集体风气。如何在管理中培养孩子们主动维护班级荣誉，实现人人为我、我为人人的良好局面，很必要的一点就是树立孩子们的公德心，培养他们的担当意识。

班主任可以借助主题班会等多种形式渗透责任与担当意识教育，根据时事调动学生对社会环境的感知，让他们感受到与时代息息相关。"新冠"疫情期间，歌舞2016级开展了"我要做这样的00后"主题班会，结合90后逆行者，上山找信号教课的老师、同学的感人事迹，理解在困难面前需要坚守。学生们通过班会反观自己足不出户、设备精良、自娱自乐的学习状态，在对比中修正认识：岁月静好，是因为有人负重前行。学生们通过反思畅谈自己应该做什么，无论是配合抗疫还是学业上的弯道超车，都体现了一种"担当"意识。

作为任课教师的班主任更可以借学科教学之便让学生从心底里充分接受"担当"。在学习《烛之武退秦师》的时候，学生通过分析烛之武这位垂垂暮年的外交官四两拨千斤劝退强大的秦师，在把握烛之武的外交辞令和智慧之余，更感动于他心中坚定的"家国担当"。教师从这个角度引导学生从遥远的烛之武走到当下中国的超级外交团，看到"耿直boy一直怼一直爽"的背后的坚定信仰和国之意识。在学习契诃夫的《装在套子里的人》时，我们同样从遥远的西伯利亚走到现实，看看身边是否有这样的古怪人？孩子们逐步认识到"打破常规，接受新世界"的与时俱进，联想到抗疫期间的网红医生张文宏，记住的不单是他说的"共产党员先上"，还有他所倡导的营养早餐。学生能从张文宏医生的科学态度里看到作为一个专业人士的求是求实和敢于担当。如此种种，其实都是对学生进行的润物无声的德育，而这些又可以随时成为主题班会信手拈来的师生互动经验。

总之，任课教师兼班主任对班级建设意义重大，不仅能有效促进师生情感交流，鞭策师生共同成长，而且，教学相长的过程有助于班主任顺利开展工作，在管理中充分挖掘学生潜力，培养学生自信心，让他们勇于担当，做新时代的有用人才。

浅谈班级德育工作的时代价值

葛怀广

成长中的学生仿佛一棵茁壮成长的幼苗。如果说艺术教育和文化素质教育是土壤的话,那德育便是阳光和雨露,滋润学生的心灵,在学生"三观"塑造中发挥关键性作用。班级是学生日常学校生活的重要时空,新时代的班级德育更是具有重要的时代价值。

一、加强班级德育,有助于实现以德施教、以身垂范

古语曰:"律人先自律,正人先正己。"教师是学生求学旅程中的领航员,一举一动都会对学生产生影响。作为一名艺术教师,我认为,重视言传身教是一名老师理应具备的基本职业素养。一般说来,中职院校的孩子们大多处于十几岁的精神萌芽期,正处于积极探索世界的重要人生阶段,尚未形成稳定的人生观、价值观和世界观,也尚未形成成熟的人格。这就促使我在班级管理中,更加严格要求自己,把握好自己的言行举止,尊重自己,尊重他人,努力给学生树立榜样和标杆,发扬作为教师的德育模范精神。

我在班级管理工作中发现,作为一名教师,我的日常言行举止、情绪波动、思维方式和思想观念等都会对学生产生深刻的影响。学生会在不自觉中模仿我的某些行为,甚至是学习和吸收我对某些事情的看法和观点。这就意味着我的思想观念会对学生的未来产生相当深刻的影响。只有当我向学生传达一种符合社会主义核心价值观的正面思想观念,并真正被学生所认同,被学生所接受时,学生才能够真正地对我抱有崇敬和爱戴之情,乐于信任,乐于求教,乐于遵从我的管理、指导和教诲,对我所指出的错误和问题也才能真正地信服并在第一时间进行修正。

因此,班级德育不仅可以引领学生成长,还对教师的自我管理提出严格

要求，促使教师在班级管理中以德为镜，端正"三观"。教师在不断自我提高的同时也能够反作用于学生，对学生起到一种积极的正向引导作用，成为学生的标杆和楷模，悄无声息地向学生传达美德之风，帮助学生树立正确的"三观"和良好的艺德艺风。

二、加强班级德育，有助于实现端正班风、和谐共进

创建和谐友善的班风是班级管理的核心目标。环境对于个人发展来说起到一种决定性作用。什么样的环境造就什么样的人，特别是中职学生大多处于十几岁的成长阶段，专注于在校园中学习艺术技能和文化课程，没有太多机会与外界接触。这个时期的学生如同一张白纸、一块白布，而班级环境则如同一支画笔，一只染缸，为学生的人生涂抹上斑斓色彩。班级德育的最大作用，也是最为显著的作用，就是能够给学生营造一个健康文明的学习氛围，满足学生对于和谐共促班风班貌的要求。

我在班级管理中注意到，良好和谐的班风班貌对于学生的艺术学习和文化课学习具有积极的影响作用。当班级里呈现一种良好和谐的班风班貌时，学生能够保持愉悦的心情，能够与他人保持一种良好的相处，与他人形成一种和谐的关系，团队艺术活动也能够顺利开展，学习效率也会进一步提高。反之，当班级气氛紧张时，学生通常容易被不良情绪所影响，与他人相处时也会愈加小心翼翼或者暴躁易怒，甚至班级中会形成一种不良的抱团风气，抑制学生的学习积极性，从而对班级管理产生不利影响。

树立和谐良好的班风班貌并不能一蹴而就，需要日积月累逐渐实现，需要教师在一点一滴中创造，在一分一秒中投入。我在班级管理中致力于将艺术教育、文化教育和道德教育紧密相连，致力于在班级中形成一种正气之风，注重在班级里树立一种文明典范，让谦和有礼、和谐互助在班级中成为主流。在艺术教育指导工作中，我也会将艺术创造与身边的优良品德相结合，致力于向学生传达一种积极向上的艺术创作思想，引发学生对新时代良好品质的探索和追求。

班级德育的目标就是要将班级管理变成师生共同的责任和使命，激发学

生的主动性和创造性，共同维护班级的和谐之风，营造文明的班级氛围。

三、加强班级德育，有助于实现以人为本、终身发展

艺术教育的主要目的是要培养爱国敬业、德才兼备的多元化艺术创作人才。这就要求在班级管理过程中必须突出思想品德教育，将以人为本作为主导理念，对症下药，因材施教。班级德育要求将爱国主义精神和时代文明精神融入艺术院校的班级管理工作中，凸显社会主义美德。因此，我在班级管理工作中注重培养学生对于道德素质的正确认知，强调学生要在艺术创作中将以人为本作为关键要素，在创作过程中与时俱进，针砭时弊。在班级管理中，我注重学生自我意识的表达和呈现，在保持班级管理秩序和正确方向的基础上，尊重学生的个性，保护学生的创造性，支持学生在基于正确价值观基础上实现多元化、全方位、多层次发展。与此同时，我在班级管理工作中注意找准学的问题，紧抓管理工作的痛点和难点，纠正不良风气，有针对性地施加正确的引导。我认为，在班级管理中加强德育，有利于学生在未来走上舞台时，能够向社会大众呈现一种积极向上的优良正气，发挥艺术对社会风气的引领作用和艺人的榜样作用。

在艺术院校的班级管理工作中，我认为，正确认识到道德教育和艺术教育之间的相促相生、相互依存的关系，有利于培养品行端正、德艺双馨的未来之星。

用爱心和耐心唤醒学生的责任意识

刘金洁

党的十八大以来，党中央把立德树人作为社会主义教育的根本任务。作为一名班主任，我认为，教育的首要任务就是德育，是灵魂的教育。责任意识，特别是集体责任意识，是社会主义学校德育的重要内容。教师，尤其是班主任，在工作中要特别注意唤醒学生的责任意识。

青年学生大都青春活泼，招人喜爱，但行为习惯存在的问题也需要正视，例如：个人物品糟乱不堪，随地丢垃圾，上课趴桌叫不起来，做值日草草了事甚至偷偷溜走，等等。以上种种，其实都反映出责任意识不强的问题。因此，教师首先要唤醒学生的责任意识，使其守纪律、肯钻研，班级事务才会井井有条，学生学习才会取得进步。

唤醒学生的责任意识，需要教师特别是班主任以无限的耐心和爱心，从不同角度开展教育。

一、从生活辅导入手，唤醒学生的责任意识

现在很多学生都是独生子女，从小享受着父母、祖父母和外祖父母的精心照料，很多生活小事都不会做。小甲就是其中一位。他书桌凌乱，鼻涕纸随处乱丢。这既影响个人形象，又影响班级卫生；既因物品摆放没有规律容易丢失而影响学业；又因缺乏自理能力让人对其离开父母独立生活而感到不放心。可见，无论对个人、对家庭，还是对班级，小甲都不算尽到责任。

对这类学生，教师既要耐心谈话教育又要进行耐心指导，帮助他逐步树立责任意识，培养自理能力。为此，我多次找小甲单独谈话，指出十五岁不再是小孩子了，不会自理，事事离不开妈妈帮助，容易成为别人眼中的"妈宝男"，要成为真正的男子汉就必须学会对自己、家人和班级负责。对此，

小甲表示认同。此后，我经常现场指导小甲收拾书桌，捡起鼻涕纸丢垃圾桶。每当他收拾利落的时候我就真诚地表扬，还拍照给他妈妈看。渐渐地，小甲的书桌比原来整齐了，鼻涕纸乱丢的次数也减少了，并得到同学们的认可。

二、从学习辅导入手，唤醒学生的责任意识

对于学生来说，学习无疑是最重要的责任。但实际上，相当一部分学生在学习上责任意识不明确，缺乏学习动力，导致成绩不尽如人意。

小乙作为班上年龄最大的学生，六门功课有五门不及格，及格的一门只有60分。但据任课老师反映，他因为年龄大，理解能力其实还比较强。导致他成绩不好的原因更多的是懒。跟他妈妈接触以后，我发现他妈妈对其事无巨细关爱过度，经常唠叨，这也是导致他不爱学的一个因素。我一方面和家长交流教育方法，一方面考虑如何让孩子意识到自己的责任，克服惰性，努力学习。我观察到，他做卫生有板有眼，从不溜奸耍滑；对于自己的一些错误，从不遮遮掩掩欺骗老师，是个很实诚的孩子。综合以上这些情况，在和他单独谈话的时候，我就热忱地表扬他卫生做得好，为人真诚、坦率，值得信任，同时提出他在学习上也要不断进步，不要让妈妈为他的学习操心。我也告诉他，如果成绩不及格就不能去参加比赛，这会影响自己在班级里的形象。作为一个已经成年的男子汉，要自尊、自立、自强，不能让人笑话自己。这次，小乙向我保证一定好好学习。在随后的日子里，我密切关注小乙。只要发现他在学习上有一点积极的表现，如某次听课了、某次英语单词背得好了，就及时在班级里表扬他，并和他妈妈沟通，让妈妈也对他予以肯定，不断给他前进的动力。这样的辅导工作持续了一个学期，小乙的成绩果然提高了，期末考试只有一门不及格，后来的全市合格性考试也都通过了。2020年"新冠"疫情期间，小乙在线上学习中一直保持着学习热情，在专业课和文化课方面都取得了新的进步，得到任课老师们的大力表扬。听小乙母亲说，小乙听到老师表扬的时候，笑得无比灿烂。

三、从人格辅导入手，唤醒学生的集体责任意识

个别学生做值日的时候常常敷衍了事，甚至置帮忙做值日的同学于不顾，只管自己去练舞，反映出集体责任意识比较淡漠。这对班级管理产生不利影响。

为了帮助学生树立集体责任意识，我除对个别学生进行谈话教育外，我还组织主题班会，介绍历史上的英雄模范人物，用英雄模范为国家民族英勇奋斗的事迹鼓励学生，引导学生塑造正确的价值观。我还组织学生观看影片《我和我的祖国》，给学生机会充分讨论影片主题，并大张旗鼓地表扬为班级做事的学生，营造正确的舆论氛围。

记得一位教育同仁曾说过："人的心灵是一片田野，不长嘉禾，就长野草。"[1] 唤醒学生灵魂，使其心灵田野上长出嘉禾而不是野草，这是一个严肃的德育课题。然而，学生是一个个活生生的个体，不仅有自己的思想，其背后还有家庭、社会等方面的影响，加之学校工作千头万绪，教师精力有限，使得德育工作充满了丰富性、复杂性和艰巨性。许多德育问题还有待教师进一步去思考、探索和实践，例如：班会能不能有更多的时间；如何更加有效地开展主题班会；主副班主任在教育思想上能否达成一致，形成更大的合力；如何防止因家长和教师教育理念不一致而弱化德育效果；社会是个大课堂，哪些社会实践可以帮助学生获得有益的成长经历；等等。可见，身为教师，责任重大，唯有用最大的爱心和耐心去唤醒学生心灵，方能切实提高育人实效。

---

[1] 薛瑞萍：《薛瑞萍读教育理论》，广西师范大学出版社2014年版。

抗"疫"期间基于网络以舞育人的实践探索

高泽炜

在新型冠状病毒疫情防控攻坚时期，为落实"立德树人"根本任务，我坚持"三全育人"，切实组织好网络教学，将以舞育人与培养学生创新精神有机结合，做到春风化雨，润物无声。

探索之一：抗"疫"中的青春榜样教育

"少年智则国智，少年富则国富，少年强则国强，少年独立则国独立。"青少年是祖国未来的希望，青少年承载着实现中国梦的历史重任。援鄂医疗队活跃着一批"80后、90后、00后"的身影，他们不惧危险，勇于奉献，用实际行动书写青春最美丽的画卷。在这个没有硝烟的战场上，这些父母眼中的孩子做出的壮举令世人刮目相看，诠释了诚挚的赤子之心和崇高的爱国情怀。我以榜样为例教育学生胸怀伟大祖国，树立远大志向，把自己的一言一行同祖国的繁荣昌盛紧密结合在一起，把使命和责任凝聚在心中，把强烈的爱国热情转化为强国的巨大力量，积极投身建设中国特色社会主义的伟大事业，争当新时代立志报效祖国的模范。

探索之二：舞蹈网课释放学生心理压力

舞蹈作为一种肢体语言，是通过身体表达人类内心情感的艺术。中职舞蹈教育旨在引导学生逐步进入专业学习状态的同时培养学生对舞蹈美的认知力、创造力、表现力与基础鉴赏力，从而促进学生体能、智能、技能全面发展。舞蹈教育对于提高学生的道德素质水平、艺术修养，以及全面提升人格都有重要作用。抗"疫"期间，我就以舞蹈教育为抓手，将身体运动、音乐、空间、情感等方面的训练有机结合起来，帮助学生在"新冠"疫情期间缓解生活学习压力、释放青春期过剩精力以及解决心理问题。

探索之三：家校合作提高网课质量

抗"疫"伊始，我就及时召开家长会，稳定家长情绪。当时，"新冠"疫情信息从家长单位、社区街道、学生学校等各方面传来，微信上甚至还流传一些未经验证的不实信息，引起了家长的情绪紧张。我召开家长会的目的，就是要将家长的注意力集中在学生的网课学习上。家长对网课的重视是保证网课质量的重要因素。为此，我要求家长做到五点：1. 不造谣，不传谣，所有信息以国家官方发布内容为准，积极配合学校防疫要求。2. 为学生提供一个安静与独立的学习空间，保证学生上网课时不受外界环境干扰。3. 做好学生学习监督与反馈工作。4. 家长要控制好情绪，避免与学生发生矛盾，网课学习中出现问题可以通过老师解决。5. 做学习型家长，与学生共同努力。老师与家长在学生学习成长中就像一双船桨，只有共同努力，才能驶向期望的方向。在这个特殊的网课时期，家长和老师相互配合是学生专注学习的关键。

探索之四：网络沟通让教师走进学生心灵

网课时期，教师要与学生建立良好的沟通关系。一是要避免指挥与责罚。网课是锻炼学生自律的大好时机，切莫过多干预打击学生的积极性。要给学生更多自我安排的空间，引导他们做学习的主人。学生犯错误时，教师应运用同理心找出犯错的原因，帮助其改正，不可简单惩罚或责怪。二是要在与学生信息沟通中尽量避免文字带来的误会。当文字缺乏温度时，教师可选用一些表情包与动态图，使沟通更加生动，打破学生与老师的沟通障碍。三是要做学生的良师益友、知心好伙伴、指点迷津的引路人。教师与学生沟通，一定要坦诚相待，细致入微，宽容体贴，避免居高临下地俯视学生。每个学生都有被关心与尊重的心理需求，一句简单的嘘寒问暖，一份生日的祝福都会成为打开学生心灵的钥匙。教师只有走进学生的心灵，才能成为学生的大朋友，为他们的人生保驾护航。

探索之五：主动防止学生沉迷网络世界

近年来"网瘾少年"成为社会热议话题，而网络游戏是网瘾形成的罪魁祸首。究其原因，青少年在成长阶段不断提升的心理需求未在现实生活中得到满足，网络游戏成为青少年发泄现实压力的手段。教师应从正确认识、替代活动、家校合作三方面帮助学生克服网瘾问题：1.正确认识学生青春期心理问题，帮助学生正确认识网络游戏的危害，同时，运用主题教育满足学生的社交需求、认同感需求，增强学生心理素质，帮助其正确摆脱"网瘾"。2.增强学生现实感，减少网络游戏的虚拟感，培养学生现实生活中的爱好，将注意力从网络游戏转移到现实活动，减少学生对网络游戏的依赖。3.建立网络综合管理体系，提倡家长陪伴学生在浩瀚网络中寻找正确的探索方向。

抗"疫"期间，基于网课以舞育人的实践探索的不断深化，要求教师终身学习，勇于探索，兼顾理论与实践的和谐统一，不断拓展自身知识结构，拓宽视野，努力提高专业与理论水平，不断反思以创新求发展。我们坚信，以舞育人的事业决不会受阻于任何困难，我们也一定可以打赢新冠肺炎疫情的防控阻击战。

上好人生的"第一课"

漆剑如

教育是民族振兴、社会进步的重要基石,功在当代,利在千秋。习近平总书记在全国教育大会上明确指出了目前我国教育的首要问题和根本任务,提出要把立德树人融入思想道德教育、文化知识教育、社会实践教育等各环节,贯穿基础教育、职业教育、高等教育等各领域,学科体系、教学体系、教材体系、管理体系都要围绕这个目标来设定,教师要围绕这个目标来执教,学生要围绕这个目标来学习。作为党的艺术教育工作者,我们必须认真落实习近平总书记关于教育工作的重要论述,按照北京舞蹈学院党委的统一决策部署,把德育工作贯穿于教学和管理的全过程之中,为党和国家培养德智体美劳全面发展的舞蹈专项人才,为民族振兴、社会进步提供文化给养。

一、辩证看待"教书"与"育人"的关系

古人讲,师者,传道授业解惑也。今天我们常讲"教书育人",教书就是授业、解惑,通过教学行为使学生由不懂到懂、由不会到会、由不专到专,是一个技能提升的过程。在我看来,这只完成了教育的初级阶段,也就是"教"的阶段。这个阶段的主要特点是,注重技能、技术、技艺的传授和训练。那么,教育的高级阶段是什么呢?我认为,是"育"的阶段。这个阶段从技术、技能、技艺的传授提高到"道"的层面。这个阶段的发展、转变需要教师首先提高育人的意识和能力。

教书容易,育人较难。我在实际工作中常常遇到这样的问题:淘气的孩子专业成绩突出,但不好管理。这是为什么呢?是普遍现象还是有规律可循?经过对大量的案例进行分析比对,我认为,问题恰恰出在"育人"这个环节。因此,艺术教育工作者在"教"的同时,要学会有意识地"育",这

就需要我们多问几个为什么。

父母是孩子的第一任老师，家庭是孩子的第一所学校。家庭不同，教育不同。当大家从五湖四海来到学校，矛盾就显现出来了。这个矛盾就是环境转换下的育人挑战：如何将来自不同家庭教育背景下的个体，统一到学校的整体育人环境中来，统一到社会主义核心价值观上来，统一到为中华民族伟大复兴奋斗的目标上来？让每一个从北京舞蹈学院附中毕业的学生政治过硬、本领高强，这便是我们一直坚守并且在努力追求的人才培养目标。

习近平总书记提出"立德树人"的教育理念，为这个教易育难的问题找到了一个有效的解决途径。育人的目的就是树人，树立正确的三观，树立高尚的人格，树立爱国主义情怀。那么解开这些问题的关键词则是：立德！如何立好这个"德"，是当下教育者们需要深入研究和探索的重要课题。"学舞先学做人"，一直是我在教育学生过程中经常说的一句口头禅。我认为，不论做任何事情都要先做好"人"，如果说人都没有办法做好、做正，就更别说想做好事情，包括跳好舞。要想落实好"立德树人"，就要坚决落实好"三全育人"的教育理念。国标舞教学科的教师管理规范就明确强调，所有教师都必须要参与到德育工作的大部队中来，力争将德育工作贯穿到学生学习生活的各方面细节当中去，慢慢引导教师改变陈旧教育观念，逐渐地将德育融入自身的教学和管理中去。有了全员育人、全程育人、全方位育人的保障，"立德树人"教育目标的实现便指日可待了。

二、抓住青少年阶段性规律，在教书中育人

青少年阶段是一个人成长的黄金时期。学生在这个阶段有最强大的学习和模仿能力，有最充沛的体力和精力，同样有最强的想象力和创造力。但是，这个阶段也同样有着很强的不稳定性、强烈的好奇心、叛逆心等特征。如何在不影响学生想象力和创造力的同时，还能将规范意识这种子深深地埋到学生心里？这也是我们在工作中一直不断探索的重要课题之一。因此，我们要不断完善国标舞教学科各项学生管理相关制度，包括针对专业活动、针对违反纪律、针对家委会、针对奖励机制等方面。无规矩不成方圆。此时

此刻，只有严谨规范的制度体系保障才能给这个阶段的孩子提供一个相对安全的意识环境，让学生从小就在内心树立起制度意识。在这个过程中，我们还定期邀请法治讲座专家、心理健康讲座专家等，给孩子们创造良好的受教育环境。这样，从家教到学校规章制度的要求再到国家法律法规的普及，层层递进的规范制度意识就会逐渐渗透到每一个孩子的心中。教育的过程是潜移默化的，立德树人的过程更要润物细无声！

三、打铁还须自身硬，以师德示范带动身教育人

学为人师，行为世范。打铁还须自身硬，不断深化和提高师资队伍的建设和管理是落实立德树人根本任务的重点工作。孩子们在家中的偶像是自己的父母，在学校的崇拜对象自然是工作在一线的各位老师。尤其是班主任老师，每天陪伴孩子们成长，对每一个学生的成长有着绝对的影响。因此，师德师风的建设管理工作必须要作为教学科重中之重的工作来抓。

首先，我们要建立健全《国标舞教学科教师行为规范》和《国标舞教学科班主任管理条例》等相应的规范制度要求。其次，我们要建立完善德育工作例会制度，每两周进行国标舞教学科班主任例会，每个月末最后一周进行班主任培训例会，在各个例会上对于师德师风管理的要求都要不断重复和不断深化，所有教师必须高度统一思想，吃透"立德树人"的教育思想理念，真真切切地践行"三全育人"的教育理念。再次，要在教师队伍中大力弘扬榜样力量，量化评优数据，完善公平民主的推优制度，同时大力表彰优秀班主任以及骨干教师，在老师和同学中树立优秀教师的榜样形象，鼓励广大师生向优秀教师学习。榜样的力量是巨大的，学生的潜力是无限的。师生就是在这样一个其乐融融的环境中教学相长，共同进步，共同成长。

青少年是祖国的未来，全体教育工作者都要以为党和国家培养优秀接班人的高度认识自身承担的责任和使命，切实提高政治站位，注入更多心血，凝聚更大智慧，用心培养出德智体美劳全面发展的新时代社会主义接班人。

新时代"以德育人"学生管理的思考

高 艳

习近平总书记在党的十九大报告中对青年一代提出殷切期盼:"青年兴则国家兴,青年强则国家强。青年一代有理想、有本领、有担当,国家就有前途,民族就有希望。"面对新时代、新变化和新要求,如何以崭新的面貌培育时代新人是我们当前迫切需要考虑的问题。

"以德育人"是中华民族几千年传承下来的教育智慧,"立德树人"是建设和谐社会、强盛国家的精神基础。新时代,帮助学生形成正确的思想认识、高尚的道德意识、健康的心理素养和良好的行为习惯是思想政治教育的重要目标。随着"00后"进入学校,如何把握新时代青少年学生的思想道德特征已成为学生思想工作的重中之重。我们应该按照新时代的要求转变教育理念,既加强引导和管理,又给予学生更多的宽容和理解。结合自身的带班经验,我认为,"以德育人"的学生思想教育工作应注意以下几个方面。

一、观察指导,严爱并济

"学校无小事,事事是教育"。观察、了解和把握学生日常生活和学习当中的细节是做好学校德育工作的基础保证。班主任应当通过与学生日久天长的接触和沟通,从每一件小事开始,对班里的学生进行观察,了解班里学生的性格特征,从而进行正确合理的指导。例如:老师通过指导一年级新生整理宿舍个人内务可以观察学生的独立能力和执行能力,有的学生动作迅速,有的慢条斯理,有的丢三落四,由此可以观察到学生的家庭成长环境及其性格特征。再比如,学生会因为对集体事件产生不同的认识而形成班级亚群体,班主任要通过细节观察,对班级事件和舆论进行有效引导。

树立学生正确的道德观念应当从"正反"两面入手,"严爱并济,反思保驾"是我在班主任工作中体会到的。严格要求学生的行为规范，是教师对学生高度负责的体现。在收与放、管与教之间，教师应严中有爱。其实，严即是爱。班主任应怀揣对学生的爱去处理每件学生事务，在处理每件事之后还都要进行反思，反思自己的管理和教育方式是否正确，仔细观察学生眼神是接受、心悦诚服还是失望、拉开距离。对于现代学生的教育并不是越严越好。班主任应掌握一定的尺度，严而得当。一是在德育工作中，应该按照学校的规章制度和行为规范要求自己的学生；二是教育学生时要讲究方法，刚柔并济，恩威并施；三是班主任应根据学生心理和生理特点，结合实际情况，合理要求，得当处理；四是班主任应持之以恒进行教育和管理，且始终如一。

二、以身作则，亲力亲为

班级生活中，学生受到班主任的影响和教育，而这种影响和教育是一种体察、一种关爱、一种沟通。作为老师，我们的一言一行都对学生产生潜移默化的影响。每位班主任在工作过程中应该有意识地将德育融入班主任工作中，使班级成为德育的前沿阵地，让德育的春风吹进每一位学生心里。

我一直认为，班主任工作平时比较琐碎、繁杂，得腿勤、嘴勤、眼勤、手勤，还有最重要的身勤。日常工作中的确有很多事情看似简单（例如：简单的常规卫生、简单的遵守纪律、简单的每周考勤等），很多很多的"简单"，看似不难，但真要做到，就不是用简单几句话叮嘱一番就能办到的。它需要我们在细小的环节上身体力行、亲力亲为。这就印证了一句话："一个好人一生最好的部分是他的细小的、无名的、不被记忆的爱行和善行。"我们不敢奢求能做一名伟大的老师，但我们可以把细节做到伟大。

三、有效沟通，以德育人

班主任虽然是学校最小的主任，但一个没有当过班主任的教师是不完整的教师。班主任工作给我们带来很多人生体验和实践机遇。作为班主任，教师首先要与学生保持适当的距离，这是保持教师权威的关键所在。其次，班主任要重视与学生的谈话，注重沟通方式，讲究谈话策略，良好的交流和沟通才能拉近教师与学生的距离，形成彼此信任的纽带。我们在处理学生问题时容易犯的错误，就是不由分说、不听辩解、不问缘由，劈头盖脸一顿狠批，情绪激动。我发现，这样的方式不但没有任何效果，反而会带来负面作用。我们应该时刻提醒自己，控制好情绪，把握好交流的分寸。我们只有把强加在学生身上的外在规范转化为内在认同，教育才能行之有效。因此，我们不仅要强调学生接受规范，还要启发学生提高意识，加强修养。"以德育人"就应该从如何提高学生个人素养、丰富学生思想内涵、提高综合素质着手。个人素质提高了，行为自然也就规范了。对学生的教育是春风化雨、润物无声的。教师在教育中要少讲大道理，用全方位、多角度、与时俱进的方式与学生交流和沟通，只要学生接受并且有改变，那德育就有成效了。

星路相伴　见证成长

张丽华

班主任作为学生成长路上的引路人，虽然官位不大，但责任天大。班主任在工作中要全面关注学生的身心健康，抓住一切教育时机，做好表率，还要尊重、理解、信任每一位学生，公正对待每一位学生，真正做到春风化雨、润物无声。班主任工作要讲究艺术。针对不同年龄层和学段的学生，班主任管理的目标、方式是不同的，这就能体现每位班主任的教育智慧。

对于低年级学生来说，班主任的引领作用是主导性的。我主张，对低年级学生要进行养成教育，起初的三年非常重要，一是要立规矩，二是要手把手教。如何实现收放自如，最能体现班级管理的智慧。班主任只有做到收的过程恰到好处，才能为后面放的过程打好基础。卫生习惯的养成是一件很难的事。孩子们来自五湖四海，个个从小都娇生惯养，劳动观念不强。于是，我亲自带领学生做值日，亲力亲为，手把手教学生如何把教室打扫干净。一个月，两个月，一个学期下来，我的行动终于打动了学生，他们渐渐学会心疼老师，珍惜劳动成果，劳动习惯逐渐养成，同时也体会到互相帮助、团结协作的好处，全班的凝聚力有了很大的提升。

带低年级最忌讳的就是完全放手。低年级学生刚来到陌生环境，各方面都需要老师细心呵护，耐心指导。潜移默化的教育将会对其未来成长产生重大影响。低年级阶段是学生形成"三观"的关键期，未来孩子的"三观"如何与班主任的引导密切相关。俗话说，学坏容易学好难，从学生的文明用语到文明行为，我都会时刻关注，及时纠正学生不文明的行为和语言，告诉学生什么话能说，什么话不能说，待人接物如何体现个人气质，如何陶冶情操，提升个人魅力，做一名合格的舞蹈文化人。

对于中年级学生来说，其逆反心理非常严重。这个时期的孩子往往在思想上容易出现问题，带中年级班级的班主任尤为辛苦。这一阶段的学生自以为很成熟，什么都懂，但实际上却容易走向歧途。为此，班主任做得最多的事情就应该是经常找学生谈心，多关注学生的心理健康，发现问题，及时解决。如今的社会，来自各方面的压力都会使处于心理脆弱时期的学生产生思想偏执。班主任要像消防队员一样，时刻警惕，随时准备营救，用我们的耐心和细心滋润学生心田，润化学生灵魂。

与学生谈心是要讲艺术的。班主任不能凌驾于学生之上，要像朋友一样用心沟通。记得有一次，班里的一位男生为情所困，无法自拔，无论是专业成绩还是文化课业都直线下滑。通过多方打探，我了解到他和别的班上一个女孩谈恋爱了，两个人性格不合，分分合合闹了很久，最终影响了他的学习状态。于是，我就不厌其烦地反复找他谈心，帮他分析问题，同时给他提出建议，从异性角度给他讲了很多道理。通过多次交流，这个男生终于想通了，学习状态稳步回升，直到毕业后见到我再提起此事，他依然很感激我当时对他的心理疏导。我想，这辈子他都不会忘记这件事，我也相信这次经历必定会对他未来的感情生活具有重要的指导意义。

对于高年级学生来说，"三观"已经基本形成，更多关注的应该是未来的升学和职业生涯。这个时候，班主任工作的重心应该是减轻学生的思想压力。尤其是即将毕业的时期，学生们对未来感到迷茫和无助，班主任应该及时看在眼里。这个时期是人生的重要关口，很多孩子会和家长出现矛盾，班主任就是润滑剂，帮助学生调和亲子矛盾，使学生放松心态，鼓励他们增强自信，向着自己的理想勇敢前行。

天下没有不散的筵席，至今我都无法忘怀毕业季的点点滴滴。和学生们摸爬滚打经历了难忘的严寒酷暑，最终还是要经历人生的离别之痛。在最后的一个学期，我的眼睛似乎总是湿润的，不知怎么回事，总想着是不是学生们到铁扇公主那里要来了芭蕉扇，把我这一点就着的暴脾气一下子扇灭了？总之，自己最温柔的一面在此刻也体现得淋漓尽致。对学生无微不至的关心，对他们有问必答是我的常态。学生和老师之间的和谐达到了人生巅峰。当然，我也有恐惧。我害怕看他们上课，因为总是怕再也看不见了；我害怕走进文化课教室,因为毕业考试后,这个教室就会物是人非;我害怕和他们拥抱,害怕在舞台上和他们合影,害怕和他们对视眼神……总之一切都结束了,留给我的是美好的回忆!

  班主任工作是繁冗复杂的,同时又是润物无声的。作为一个有着二十年教龄且依然奋战在班主任岗位上的我,真正体会到了班主任工作的艰辛,同时也收获了快乐和成长。和学生们在一起,是我永葆青春的秘籍;和学生们在一起,使我与时俱进。我要感谢这些年作为班主任的所有宝贵经历让我和学生们教学相长,砥砺前行。作为一名新时代艺术院校的班主任,我深感任重道远,"行行重行行""道路阻且长",但始终坚信"守得云开见月明,静待花开终有时"。

班级建设的三个"关键招"

张 洋

我自2012年至今一直在芭蕾舞学科担任班主任工作,本学年带的是芭蕾舞2018级。我是从一年级开始担任这个班的班主任的,见证和陪伴孩子们走过了一年多的学习时光。其实,这也是我第四次带这一年龄段的班级。在总结和完善之前的带班经验基础上,我对班级建设提出三个"关键招",就教于同行。

一、班级建设要遵从三个重要理念

(一)班级建设理念之一:立德树人

立德树人是新时代教育要落实的根本任务。班主任要从思想着手为学生明确目标,使学生在学会舞蹈之前先学会做人,将立德贯穿学习与成长的始终。同时,班主任也要以身作则,成为学生正能量的源泉,用榜样引导的力量指引学生前进。因此,我带领班级开展了关于"自律""法律""诚信""读书分享""我的芭蕾偶像"等主题班会,让学生通过自身反思与听取同学分享开展互动交流,引导学生确立正确的目标和方向,为形成良好的思想道德品质打下基础。

(二)班级建设理念之二:综合培养

面对现代化、多元化、综合化的社会,教育要注重培养学生的综合素质。班主任需要引导学生积极参与学校组织的各项校园活动,同时主动开展多样的校外实践活动。一方面,学校为学生提供了与国外著名芭蕾舞团合作共同完成舞剧的宝贵演出机会,既使学生开阔了眼界又使学生增加了新的演出经验。另一方面，我会利用课余时间带领学生参观博物馆，观看新的舞剧演出以及聆听音乐会专场，力求在丰富学生课余生活的同时也使学生接触到新鲜事物并获得新的感悟。

（三）班级建设理念之三："三全育人"

"三全育人"要求全员、全过程、全方位培养学生。我将家长引入育人全过程，让家长委员会（以下简称"家委会"）参与班级建设，建立家校合作机制，与家长保持良好沟通。家委会在文化课和专业课晚自习时会安排家长进入教室，通过拍照和录制视频并上传到家长微信群的方式，告知家长们学生的最新学习情况。这样一来，即便不在京陪读的家长也能及时通过微信观看和了解到学生最近的学习生活状态并与我保持联系。在我看来，家长与老师共同携手配合是促进学生持续进步的重要保障。

二、班级建设要走向学生自我管理

我目前带的是二年级学生，年龄偏小，在自律及自我管理方面正处于一个需要被正确引导的重要阶段。因此，我会特别重视学生的好习惯养成。首先，班级制定了班规与成长计划，引导学生遵照学校"星耀附中"活动的评比要求，增强自律。其次，我指导学生学会合理安排时间，要求学生制定属于自己的时间表，有意引导学生在有效时间里高效率学习，让学生尽早养成自律的习惯和自觉性。

在班级管理中，学生干部的选择与培养不容忽视，班长尤为重要。与此同时，我一方面细化班干部工作职责，实行学生干部负责制和学生干部日常管理划分制，使各学生干部以小组形式带领同学共同进步。另一方面，我要求学生干部积极与我沟通，及时得到我的支持与帮助，从而努力实现学生自主管理。

三、班级建设要凸显班主任主导作用

班主任在班级管理中要做到张弛有度、收放自如。对于低年级学生来说，班主任的工作主要是服务学生。这些孩子需要班主任的引导，一方面在学习和生活方面要给予无微不至的关爱，另一方面应做到亦师亦友，让学生主动与老师分享生活点滴，尤其是他们的困惑与苦恼。

不仅如此，班主任还要带领全班争做第一，树立班级共同目标，明确班级努力方向，让学生心向集体，形成集体荣誉感，争取为班级多做贡献。为此，班主任要为学生多提供活动机会，让学生参与其中，锻炼做自己的主人。班主任可以尝试多表扬、多鼓励，少批评、少指责，多看学生的不同闪光点，鼓励学生取长补短，共同进步。

教育不是一成不变的，我们要"因材施教"，让每个学生的优点在班级中得到充分展现。我热爱舞蹈教育事业，更热爱班主任工作，它能让我与学生一同成长。虽然成长路上不会一帆风顺，总会有些辛苦，但这不算什么，看着学生从不会到会，从稚嫩到成熟，我的心里很踏实，也很满足。我想这就是班主任工作的魅力吧——累并快乐着！不管前行道路有多崎岖，我都会陪伴学生勇往直前！

浅谈班级管理系统的内容

李庆捷

北京舞蹈学院附中是一所寄宿制学校，被誉为"舞蹈家的摇篮"。我们的学生来自五湖四海，大都10岁左右入学。他们不仅要学会生活自理，还要学好文化课，尤其是专业课。这对班主任工作提出了很高的要求。如何为一个班学生的成长保驾护航，让他们顺利、安全、健康、积极、智慧地度过七年的在校时光？我认为，班级建设和管理至关重要。陶行知说"教是为了不教"，魏书生认为"管是为了不管"。班级管理要达到这样的境界，必须建设科学完善有效的班级管理系统。只有这样，才可能实现即使无"主任"，学生也能自觉、自愿、自乐、有序地生活，班级才能形成积极向上、互助友爱、团结稳健的学习风气与班级文化。

在长期做班主任的实践中，我发现，有效的班级管理系统可以包括六个方面的具体内容。

一、制定班规，加强日常管理

学生们从睁眼起床、到更衣练功、再到专业和文化课学习，凡是涉及准时就位、学习态度、作业成果、自习制度、宿舍条约、安全条约、道德条款、班干部选举方式及其责任认定等多方面的原则、规定以及奖惩制度，都需要班主任根据本班实际情况和价值取向进行具体设定，尽量做到班内日常事务的规定与执行方案都由班规来约束。班规制定得越详细、准确、周到，执行起来才会疑问少，班级管理系统也就越趋于成熟稳定，整个班级就越容易按照预设轨道行驶。

二、循序渐进，加强品格教育

"从艺先做人"的道理既简单又深刻。北京舞蹈学院附中是培养走向世界级顶尖舞团及教学领域的"中国舞蹈家的摇篮"。这里走出去的孩子只有心系祖国，拥有良好的品德、品行、品性，才有具备成为表演艺术家的前提。我们不仅培养他们的肢体，更重要的是塑造他们对艺术的态度和认识。修心，修行，修性，才能修身。这是一个由内而外的训练顺序与逻辑，马虎不得。唯有如此，才能避免出现头脑简单、四肢发达的"木头人"。如何培养德艺双馨的舞蹈人才，并使自己成长为全方面发展的表演艺术教育人才，这也是从附中班主任到任课教师都要面对的重大课题。

三、鼓励阅读，建设书香班级

在舞蹈艺术世界里，舞剧表演是重要的表演形式之一。从每天都要做的压腿、"擦地"，到如何把所学技术集于一身，最终通过人物形象予以表达，身上有"戏"，是舞者需要具备的基本素质与能力之一。古有《罗密欧与朱丽叶》，现有《春之祭》，每个时代都有著名的舞剧作品及与之相关的人物和语汇。如何分析和理解舞剧中的人物，就需要多阅读、多思考、多体会！三者缺一不可。我们肢体发达，但绝不头脑简单，我们要做用肢体语言解读莎士比亚的专家。我们只有把角色"吃"透了，才能极致地表达人物并将我们的艺术诠释传递给观众。我作为芭蕾舞专业班级的班主任，将学生阅读习惯的培养视为专业发展的重要辅助手段。除了专业教室，我力争让学生们每天生活与学习的地方，目光所及之处必有图书可读。我充分利用班级角落、宿舍角落等空间进行有效规划与收纳，鼓励学生借阅、补充和互换图书。同时，我还定期安排组织主题班会，互通感受，讨论主题观点，鼓励对话与辩论，将阅读带入并影响学生的生活与艺术创作，培养学生勤思考、爱分享的阅读习惯，建设书香班级。

四、开展活动，创设学习氛围

班主任要定期举行各类主题班会、知识竞赛等各种活动，丰富学生视野，创造学习机会，营造学习气氛，加强团队凝聚力。其中，以古典芭蕾音乐、历史为主题的知识竞赛既能以不同的形式达成专业学习目的，还能让孩子们对生活在一起的小伙伴产生新的认识。这些非刻意营造出的活动小插曲，竟成了激发孩子们学习兴趣与探索未知的"法宝"。由此可见，教学的手段和方式有时比内容更关键！

五、星耀附中，注重环境卫生

为了塑造全方面发展的艺术人才，北京舞蹈学院附中也积极设计、开展了一些行之有效的争优比赛，"星耀附中"卫生评比就是其中之一。为此，班主任需要主动提醒、督促、监管学生的教室和宿舍卫生，让孩子们感到把自己生活的"家"整理、装扮得整洁、温馨和艺术化是体现个人素养及品位的表现。孩子们也愿意发挥想象力，用板报及室内装饰等形式将艺术主题在"家"里体现得润物细无声，为专业和文化课学习营造和谐、积极、温暖的生活气氛。

六、搭建桥梁，密切家校合作

家长委员会是家长、教师、学生及学校之间多方沟通的桥梁。有效联结家委会，可以促进孩子活泼、健康地成长，可以营造协调、和谐而活跃的校园气氛。在班级建设和管理中，充分有效地发挥家委会作用，对于班规的建议采集和执行反馈，班级各项活动稳健有序地开展执行，都有着积极的作用与意义。正是家长们的配合与理解使得班级管理建设事半功倍。班主任要充分利用家长视角与亲子关系，辅助输入学校正确的价值观念与治学态度，培养孩子们积极向上的学习态度与优秀的品德意识。

班级建设和管理需要行之有效的方式方法。建立完善的班级管理系统有助于班主任掌方向，持监管，保安全，即可实现班级的"自动驾驶"模式。

所以，班级建设早期的"教"与"管"是为了建立系统，一旦步入正轨，即可"不教""不管"。"教"的目的是为了"不教"，"管"也是为了有一天可以"不用管"。每个学生和班级都有其个性，要因材施教，根据班级性格建立治理机制，目的在于：一切为了学生，为了学生一切，为了一切学生！

一双鞋引发的教育思考

赵俊杰

"铃……"一阵急促的电话铃声响起,手机屏幕上闪烁着一名学生家长的来电提醒,我忙停止了与女儿的嬉戏,习惯地按下了通话键。"喂,赵老师,您好!我是×××的妈妈,请您一定要帮帮我……",一阵近乎乞求夹杂着哭诉的声音从话筒中传来。"您别着急,怎么回事?""您上次来电话谈到,最近我孩子学习成绩下降得厉害,我这些天一直想办法跟他沟通,他嘴上答应得很好。我以为他能逐渐改变态度,但我发现他学习还是老样子不说,还几次三番跟我闹着要钱,要钱买鞋,要好几千块买鞋。我问什么鞋要这么贵,孩子说班里同学都有这样的鞋,他也想要。我说不给,他马上就挂断电话,拒绝联系。赵老师,我家的经济条件您是知道的,供他上学已经不容易了……""好,我知道了,我了解一下具体情况。"挂断电话后,我陷入了沉思。

"铃……"令人愉悦的下课铃声响起,"下课!","谢谢老师,老师再见!"大汗淋漓的学生们纷纷走向明亮的练功镜,或俯下身子或坐在地上熟练地脱下整齐划一的灰白色软底鞋,利索地从鞋柜上取下款式各异、色彩明丽的生活鞋穿在脚上。"同学们,我发现你们的鞋都很漂亮啊!""赵老师,您的鞋也不赖!""是嘛,得到'10后'审美的认可看来我还不老。""哈哈哈……"下了专业课,我与同学们的交流少了几分课上的严肃,多了几分轻松。"你们的鞋都多少钱买的?""老师,您看小帅(化名)的鞋,猜多少钱?刚出的限量款,七千!多酷啊!"一个学生抢先说道。"什么?一双鞋七千块?"我吃惊于价格的昂贵,也满意于自己不动声色的调查手段。原来是他挑起了班里的攀比之风,我心里强压着一股怒火看向了鞋的主人。他微微一笑说:"是的!"出人意料的是,他的神色中不仅毫无炫耀之意,面对我的反应他反而有些不好意思。"老师,您再看这几双最新款的,五千多,那几双明星同款的四千多,都挺漂亮吧?"另一个学生抢着说道:"都这么贵啊!"我一边与学生们闲谈,一边留心观察着之前电话求助中那个跟家长要钱买鞋的学生。他坐在一旁默默地换鞋,脸上的神情有些不自然。我顺势问他,"你的多少钱?""才一千多。"他低着头回答,语气里带着怯懦与沮丧。"看来咱俩是同一个阶层,这叫'英雄所穿略同'!""哈哈哈……"在学生们的一阵笑声中,他也挤出了一个略显尴尬的笑容。

回到办公室,我把此次调查的结果与女班的专业课老师于晶一起交流,于老师给我反馈了女班的情况。原来,现在学生的鞋子都动辄三四千、五六千,一两千的鞋都成了最次的鞋。作为老师,我们大感惊讶。面对正处于青春期的学生,我们决定不使用批评的方式,避免粗暴的管理手段带来的逆反效果。我采取了小范围谈心的方式,了解他们的想法。一部分学生家庭经济条件优厚,他们并没有想要"炫富"的主观故意,另一些学生家庭条件有限,受到了"鞋"的诱惑,最终班里形成了一种不同于以往的攀比之风。了解了事情的原委,我决定改变这样的风气。

我首先找到备受"鞋"之困扰的学生进行个别谈话,发现他的攀比心下面隐藏着一颗自卑的心。于是,我以己为例,讲述了自己学生时代攀比的故事,引起了他的共鸣。我又站在家长的角度告诉他,家长工作的辛苦、抚养孩子的不易,激发他的共情。我又与他交流对生活的看法,与其共勉。过了几天,他母亲再次来电:"赵老师,谢谢您!孩子给我说了您跟他谈心的事,他说不要钱买鞋了……"

面对一群正值叛逆期的中学生,我清醒地认识到,仅靠传统的说教是不能真正改变他们的想法的。一次单独谈话只能治标,不能治本。于是,我从他们"炫鞋"的动机——炫酷、耍帅、引起他人关注入手,对全体学生做了正面引导。在带领学生外出观看芭蕾舞明星的精彩表演时,我告诉他们,能站在璀璨舞台上表演就是最酷的一件事。开班会时,我告诉他们,芭蕾舞本身就很酷、很帅、很独特,你们刻苦学习芭蕾舞,就是最酷的一件事。在专业课上,我以组织课堂展示切磋的方式告诉他们,动作规范、舞姿优雅,自信满满、敢于亮剑就是最酷的一件事。学期结束，我与穿着整齐划一的练功服大汗淋漓的学生们一起摆出芭蕾舞特有的 pose，我告诉他们，这就是最酷的一件事……让学生在潜移默化中重新认识芭蕾舞，重新认识自己，重新认识"酷"与自己并不遥远。

除此之外，我还利用家长会与家长们做了深入交流，跟所有家长达成共识，即使家庭条件优渥也不要刻意为孩子购买过于昂贵的生活用品，让学生把比拼的方向更多地放在学习方面，尽量减少物质层面的攀比。

经过多方面努力，我们班再没有出现诸如此类的攀比之风。尽管他们的生活物品并不廉价但绝不出格，无论是拥有者还是旁人都能以平常心看待，他们在全校的文化课成绩、专业课学习尤其是宿舍和班级的卫生评比中始终名列前茅，这些都足够令我欣慰。

学生的"三观"要靠教师去塑造，去帮忙搭建。良好的班风主要靠班主任去营造。这其中最重要的就是班主任要做好表率，以自己的人格力量影响和教育学生。行为世范，学为人师。教师的言行举止影响学生是潜移默化的，学生在很长一段时间也都是根据老师提出和示范的标准来要求和衡量自己的。

第一，班主任要身体力行，表里如一，言行一致，面对学生出现的问题主动改变简单粗暴的教育方法，用新的眼光看待学生，以新的理念革新自己旧有的教育观念，循循善诱，春风化雨，帮助学生树立正确的世界观、人生观、价值观。

第二，在生活上，班主任要抓住各种细节和机会，从小事着眼，从小处着手，及时敏锐地发现班级存在的问题，真诚地与学生交流，关心和帮助每位学生生活中出现的各种困难。师生互通互助，形成良性循环。同时，教师要注意协调好学生间的各种关系，使班级形成积极向上的良好班风。

第三，班主任要积极发挥芭蕾舞专业课教师的自身优势，在教学过程中不断挖掘"以舞育人"的教育内涵、努力探索"以舞育人"的教育路径，让学生在"爱国、爱校、爱舞蹈"的教育理念下，在芭蕾舞特有的艺术魅力中不断成长成才。

第四，班主任要定时与各科任教师和家长交流，共同探讨班级管理中存在的问题及其解决之道，保证教学工作的科学性和实效性，同时建立健全家校共教体系，让学校与家庭形成教育合力，实现全员育人、全方位育人。

班主任工作是一项烦琐而又细致的工作。由于学生来自不同的家庭，成长和生活环境不同，性格、爱好、特长各有千秋，要想把他们组织成一个讲文明、讲礼貌、守纪律、一切行动听指挥的班集体，就需要班主任做大量细致的工作。班主任工作是一门艺术、是一门很深的学问。作为一名班主任，需要用心管理学生的学习生活，也要做好学生的思想品德教育，做学生锤炼品格的引路人。我相信，通过努力，芭蕾舞2017级定能成为一个学风浓厚、团结进取的优良班集体。

班级建设助推学生做最好的自己

王 磊

班级建设对于一个班级的发展，对于每个学生的健康发展都有着举足轻重的作用。作为班级建设的舵手，班主任的信仰、信念与学生未来的成长方向息息相关。为人师多年，我始终坚持德育为先，通过正面教育引导人，感化人，激励人；坚持以人为本，通过合适的教育来塑造人，改变人，发展人。在工作中，我认识到，班级建设的涉及面越广越深入，就越有利于班主任深入学生生活并参与到学生情感价值观的形成中。

一、班级文化建设营造积极成长氛围

班级文化建设注重的是精神层面的引领，内核是帮助学生树立正确积极的人生观。学校教育要培育青少年学生健康的人格、美好的心灵，让学生拥有终身学习和成长所需的知识和能力。为此，我时常会组织学生开班会，开展"爱学习、爱劳动、爱生活"等主题教育活动；开展爱国主义、民族传统、礼节礼仪等主题教育活动，引导学生了解祖国、热爱祖国，激发他们为祖国做贡献的愿望；开展"节粮、节水、节电"等专题教育活动，让学生正确认识身边有限的资源，学习在生活中践行绿色发展理念。总之，我在班级建设中通过开展系列教育活动，营造文化氛围，促进学生健全人格发展。

一个好的班级还应该有过硬的学风。优良的学风可以保证和促进学生高品质完成学业，使学生养成良好的学习习惯。我认为，学生无论基础好坏，只要积极肯学肯练，就是优等生。事实上，好的学习成果并不应该仅仅用成绩来衡量。有些同学虽然成绩突出，但是学得不情愿，我们就不能说他是好学生；有些同学虽然成绩差，但相较以往有所提高，有了主动性，我们反而应该多多加以鼓励。经过一段时间的努力，女孩们学习越来越踏实，男孩也基本可以跟上老师的教学节奏。虽然每个人都有想偷懒的时候，但在班级文化环境的推动下，孩子们都知道学习的重要性，"肯学、爱学、能学"已经成为常态。

二、班级制度建设激发学生参与热情

"抓在细微处，落在实效中。"班级制度建设更侧重帮助孩子们养成良好习惯。学生们形成自律能力的关键期就是这短短的几年学校生活。这一时期既是他们身体发育的关键期，更是他们思想成熟、形成积极向上的世界观和人生观的关键期。因此，提高学生的自我管理能力非常重要。为此，我下功夫挑选和培养了一批有责任心的班干部。班长、班委、组长、宿舍长层层负责，相互配合，各司其职。同时，以他们为带头人，组织班会、班委会甚至家长会，充分发挥每个学生参与班级工作的积极性，使学生的自我表现心理得到满足，民主意识得到培养，管理能力得到提高。有了这些小帮手的配合，我班的在校表现节节高，在"星耀附中"的排名也一再提高。

三、家校共育帮助学生适应学校生活

"三全育人"要求包括学校、家庭、社会在内的"所有人"，从学生进校起包括双休日、寒暑假在内的"每时每刻"，从学校管理到校园文化建设乃至社会实践活动等方面，对学生进行全面培育。对于附中的孩子们来说，与父母的良好沟通对于他们的成长尤为重要。他们在离开家庭后，生活秩序被全部打乱、重组。这对于每个孩子来说都是极大的挑战。要帮助孩子们在专业上取得进步，首先就要解决他们思想上的不适应。为此，每次召开家长会时，我都注意在通报基本情况的同时，重点点评表现好的学生；每次家长会后，我都会重点去了解一些学生在家的思想状态；每当学生遭遇考试或比赛挫败时，我都会小心观察他们的表现，与家长私下沟通，确保他们能够愈挫愈强。

学生成长从来都不是单一维度、简单的事。从不同方面开展班级建设，可以帮助我们将这一复杂过程分解细化，使我们更加高效地管理班级，对学生进行有针对性的教育引导。马克思曾说过:"人创造环境,同样环境也创造人。""德育为先"的不变信念和落到实处的管理方法,使得班级建设变得更鲜活,也使孩子们生活在健康的成长环境中。

小小"主任"的平凡之路

于梦洁

谈到班主任，我心中总有一种莫名的情怀。记得自己上学的时候，也时常幻想过，如果有一天我成为班主任，将要怎么带领手下的"虾兵蟹将"。转眼间，我的身份已从学生蜕变为老师，有幸也成为了班主任。除了兴奋和圆梦的快乐，我也深知肩头更多了一份责任和使命。

自从担任班主任以来，我带的时间最长的班级就是芭蕾舞2014级。每天和学生们打交道，可以说是"相爱相杀"。不过，也正是在每天的一点一滴中，我摸索着和学生们和平共处的方式。既为师，亦为友，这是一条看似平凡却又不平凡的教师之路。在路上，我不断吸收、调整、学习和总结，从最初的毫无头绪到如今的从容应对，也有过困惑，也有过无力，但我始终坚信：班主任的工作应该"以人为本"，在尊重的基础上"细水长流"。

班主任是整个班级的"灵魂"，决定了一个班级的发展走向。通过这些年的总结，我慢慢发觉，学生管理和班级建设的方法与中医的望、闻、问、切有着异曲同工之处。

一、班主任工作之"望"

望诊，指观气色，是对病人的神、色、形、态、舌象等进行有目的的观察。放在学生管理中，就是要善于观察学生的举动、状态、心理变化以及引导学生养成美好品德。舞蹈不一定能伴随学生的一生，但美好的品德是追随一生的光环。因此，我坚持把这一观点贯彻到平时教育学生的点滴中去，教育学生们尊重他人，懂得长幼尊卑，在说话做事前顾及别人的感受，有责任心，为自己的一言一行负责。

我的学生因为专业特殊，从小就不在父母身边长大，所以，在他们的成长过程中，能给予直接引导、可以依靠的最主要的人就是班主任。因为陪伴，所以了解；因为经历，所以明白。班主任通过"望"可以及时帮助学生解决问题，或是提出参考建议，让他们多一双眼睛看世界，及时止损，避免犯不必要的错和受不该受的伤。特别是在情窦初开的年纪，班主任要引导学生建立正确的爱情观，正视自己的情感变化。我会就这个话题做一次主题班会，让学生畅所欲言，从中了解每个人的心理需求和变化。

我们班的男班长是一个阳光温暖的大男孩，在班级里总是热心地忙前忙后，也为老师分担了不少班级事务。有一次开班会，他默默地坐在自己的座位上，不同往日，我直觉的第一感受就是他肯定有事。班会过后，我以聊天的方式了解他的情况，他也没有过多地表达自己的情绪，只是摇头说："老师，没事。"其实，这个时候学生需要时间和空间来消化负面情感，所以，我的谈心计划暂缓执行。之后的一周时间里，我一直默默关注着这个学生的表现，也能通过他的现代舞作品感受出他内心的纠结和挣扎。这个时候就需要班主任找到一个合适的气口来与之交谈，尽可能地走进他的内心，同时尊重孩子的隐私。通过谈话我得知，原来是因为青春期的情感问题。这是这个时期学生难免会遇到的问题。我以朋友的方式把我的个人经历和建议告诉他，及时帮助学生打开心结，分清主次，重拾信心。

二、班主任工作之"闻"

闻诊，包括听声音和嗅气味两个方面，主要是听患者语言气息的高低、强弱、清浊、缓急等变化，以分辨病情的虚实寒热。放在学生管理中，班主任通过熟知学生情况的老师或家长了解孩子近况。仅靠班主任一人考察学生是不够全面的，毕竟我不会24小时和他们在一起。那么，学生在其他时间里会是怎样的表现，就需要班主任学会倾听，从各个渠道入手填补信息空白，比如经常向各科老师了解学生的课堂表现，再比如向家长了解其在家中的表现，争取得到家长的配合。我一直强调"双管齐下，外助内省"，请家长站在一切为了孩子的立场上主动配合教学工作。学校也组建成立了家委会，这对我和家长之间的交流与协调提供了很大的助力。每周定期例会前，我都会早早地把平常出现的问题做好总结，无论大小都会一一点到，细致到人，不忽略每一个细节。对家委会工作的高度重视，让我能够更透彻地了解每一位学生的心理和真实的想法，对症下药，及时帮助每一位学生越过自己的泥潭，拍拍尘土，找到新的方向。我一直相信教师和家长共同努力，定能事半功倍。

三、班主任工作之"问"

问诊，指询问症状。是通过询问患者了解既有病史与家族病史、起病原因、发病经过及治疗过程。放在学生管理中，班主任要主动询问学生近况，学会倾听他们的诉求，遇到学生出现问题不一味指责。每个人都是独立个体，都有自己独立思考问题的能力，所以要先了解事情的前因后果，听完学生自己的想法之后再给出建议，为之解惑。班主任要允许学生有自己对事物的分析，但前提是要引导学生坚持正确的价值观。除了询问专业学习情况，班主任还要关注学生平日生活中的点滴。开心的事、难忘的事、郁闷的事、迷茫的事，事无大小，全凭班主任智慧指引。班主任要主动走进学生心里，打开心扉，畅所欲言，才能及时了解学生想法。一般情况下，我更喜欢给学生们带去一些有趣的新思路和脑洞大开的想法。从班级布置、班规制定、图书角管理到值日规划、团队口号，我都让他们大胆尝试，探求新颖，在锻炼学生们思维创新和动手能力的同时，潜移默化地增进每一个人的集体荣誉感。我在实践中教会他们道理，也在思考中引领他们成长。学生们私底下也会亲切地称呼我为"于姐姐"，有很多不愿意向家长吐露的心里话，她们都愿意跟我聊聊，听听我的想法，大到未来的人生规划，小到班级里或者同学间的"小八卦"，一问一答间拉近了我们的师生关系。用真心、诚心和爱心对待学生，与学生亦师亦友，这是每个班主任成长的必经之路。

四、班主任工作之"切"

切诊，指摸脉象，是用手触按病人身体，借此了解病情的一种方法。放在学生管理中，班主任要对学生问题做出准确判断和及时处理，遇到问题时第一时间给学生正确的方法指导，对学生在学校中的发展走向做出提前预估和判断。学艺术的孩子可能相比普通学生的情感更为外放，尤其在青春期阶段格外敏感。我会针对学生不同的发展阶段设定不同的班会主题，比如"青春期里的小秘密""如何面对羞羞的性话题""撞上更年期的我们"等。闲暇之余，我还会拿起相机记录学生们的点滴瞬间，给他们的学习生活留下美好印记，多年之后再回味定会怀念不已，毕竟成长道路上的每一步都值得被珍藏。这一张张有故事的照片背后，同样也记录着我的"平凡之路"。

我在教学十载的漫漫长路中体会到，班主任工作没有捷径，需要全方位的覆盖，需要做好与家长、学生、各科老师的沟通，需要有足够的诚心、耐心、爱心和责任心，更需要陪伴学生一同蜕变，一同成长。这条小小"主任"的平凡之路是一种生命延续，也是一种价值传承，是为了一份静待花开时的从容和淡然，也是为了一份百花齐放后的骄傲和值得。

德艺双馨人才培养的班级路径

刘 琛

北京舞蹈学院附中依据办学理念、办学定位和人才培养规划，构建以技能培养为主线，以德育工作为核心，全员参与的德艺双馨人才培养模式。学生在全员育人氛围的熏陶下，逐步具备"准职业化"特质，包括良好的职业素养、扎实的专业技能以及一定的综合分析和解决问题的能力。实践证明，这种德育工作机制，强化了"将德育融入课堂、德育工作人人做"的教育理念，加强了德育队伍建设，对全校学生施以多角度、全方位、立体式的管理和教育，实现了全方位育人、全过程育人。

一、以课程改革为抓手，提高课程德育的针对性和实效性

德育只有全面进入学校课程，贯穿于各课程教学全过程，才能扎根于学校的土壤中。我以课程改革为抓手，从多方面提高课程德育的针对性与实效性。

（1）德育课教学突出专业特色，例如：在《职业道德与法律》的职业道德部分，我专门收集了行业的相关职业道德规范。教学上，我采用行动导向教学法，关注学生综合职业能力培养，自主学习主导课堂，做中学，学中领悟人生，养成严谨规范的学习态度。

（2）专业课程教学以专业技能为载体，关注技能培养，加强职业规范、职业标准等相关法规学习，关注管理方法和管理能力的培养。

（3）班级文化活动以学会生活、积极向上为目标，以行业特点为基础，建设班级班风文化。我邀请往届优秀毕业生进班宣讲，介绍往届优秀毕业生的优秀事迹和专业成就，让学生尽早接受社会文化的熏陶，让学生尽早了解社会职业文化。利用主题班会，针对学生法律观念淡薄的状况，结合典型案

例进行法治教育，培养和树立学生的法律意识。

（4）德育课程实施重视过程性评价，加强对学生开展吃苦耐劳、严谨求实、质量意识、责任意识和诚信理念的教育。

二、以德育班会为抓手，形成德艺双馨人才培养的良好氛围

舞蹈学院附中对人才质量的要求，除了具有优良的舞蹈技能外，还必须具有良好的职业道德、诚信意识和吃苦耐劳的奉献精神。我以德育班会为抓手，突出专业特色，强调专业技能学习与思想政治教育相融合。

在主题班会中，我引导学生根据专业课中学习到的知识和技能，进一步分析其中蕴含的更深层次的思想价值，达到以舞育人的目的。例如：在剧目实践课中，如果是表现历史人物的剧目，我会首先带领学生观看与之有关的影视资料，深入了解人物的人生经历、时代背景以及对社会做出的贡献。这样不仅让学生在专业课学习中更好地把握人物形象和特征，同时通过查阅历史资料激发学生的爱国情感。抗"疫"期间，我利用网上班会，引导学生学习贯彻习近平总书记关于抗击新冠病毒疫情的指示精神，利用特殊时期、特殊情境、特殊教材对学生开展深入的思想政治教育，厚植爱国主义情怀，涵养爱党、爱国、爱社会主义的忠诚和责任使命，为打赢这场疫情阻击战做出了应有的贡献。在此期间，学生们从各个方面得到了极大锻炼，主动帮助父母分担家务、烹饪美食、与父母谈心、关心国家和世界大事。他们也因此变得更加自立、自信、自强。作为班主任和专业课教师，看到学生们的蜕变和成长，感到无比欣慰。

三、以班级育人为抓手，提高班主任主业成长的责任感与使命感

班主任工作要以立德树人为根本出发点和落脚点。培养德艺双馨、全面发展的优秀舞蹈后备人才是班主任的光荣职责。研究表明，德育对人的个性发展起着定向作用，尤其对人的世界观、人生观、价值观形成具有重要影响。中职院校班主任要让中职学生职业技能培养与德育有效融合，使之成为

班级工作的核心内容，努力促使德育走向班级路径，更好实现教书育人的管理目标。在实践中，我以班级育人为抓手，不断创新技能培养和德育有机结合的形式，不断拓展融合途径，从而提升自主专业成长的主动性和积极性、责任感与使命感。

当前，"课课有德育，人人是德育工作者"的大德育理念在附中已经深入人心，多角度、全方位、立体式的良好育人环境基本建成，"教书育人、管理育人、服务育人"的任务基本得到落实。在此背景下，班级德育工作也取得了显著成效：学生迟到、旷课现象大大减少，班风学风不断向好，课堂教学质量日渐提高。但同时，还有一些问题值得我们深入探讨，比如：如何对接社会需求，进一步完善德艺双馨人才培养模式并组织教学实施，使其更加科学化；如何提高班级整体德育工作的针对性和有效性。班主任是班级的核心和领导，也是班级前进的方向和动力。班主任只有更加以身作则、为人师表，以问题为导向努力工作，才能为培养更多德艺双馨人才做出贡献。

我与中国舞2017级的千日琐记

王紫璇

弹指一挥间,我与中国舞2017级已经共同度过了1000多个日子。岁月匆匆,时间悄无声息地流逝。在琐碎而忙碌的班主任工作中,我既有辛勤的汗水,也体会到与学生共同成长的幸福。

一、理解尊重,打开学生精神成长锁钥

我发现每位同学都像一本书,需要认真品味,仔细翻读。青春期的学生的生理、心理正在发生微妙变化,教育中的任何细节都可能对他们未来一生产生影响。所以,班主任需要给予他们更多的理解与尊重。

尊重学生是开展德育工作的钥匙,德育工作和其他课程不同,没有训练,没有作业,没有考试。需要通过更多的当面沟通,更多的深度相处才能发现问题,解决问题。在沟通当中,用更多的同理心,更多的换位思考,更多的感同身受,才有可能走入他们的内心,了解和帮助他们更好地在这个重要阶段树立正确的价值观。

由于我们是寄宿制学校,同学们都是少小离家,独立生活,同学们在心理上比较敏感脆弱,偶尔还会有点叛逆,很多人际关系的处理都需要独立面对,因此也就产生了很多人际关系方面的困扰,如果这个时候不能快速引导,正确排解,势必会对同学们正常的学习生活造成影响。班主任要尊重同学们的想法,尊重同学们的个人习惯,尊重同学们的个体差异,因材施教。

我们班的娜娜来自内蒙古自治区,她有着蒙古族人与生俱来的热情开朗。在了解了她的个人特点之后,二年级进入蒙古族组合学习期间,我们班就开展了相关的主题班会,让娜娜与同学们分享了大草原的风土人情,分享了当下蒙古族人真实的生活状态。这非常成功地帮助大家去了解当地的地理

环境和人文风貌，从而更深入地体会到蒙古族舞蹈的独特内涵和在肢体表现上的民族特色。同时也让娜娜更加认识自己，了解自己，感受自己的特点，找到自信，更加热爱自己的家乡，热爱自己的民族。

我们班的小雅同学的母亲是一位德裔瑞士人。正统的西方教育使她严谨沉稳。可能是受到母亲的影响，小雅在自律、自控和自学能力上都表现得非常突出。能把自己的学习和生活合理安排，合理分配，这是提高学习效率和学习成绩的重要能力。我们让小雅分享了她的经验和方法，帮助同学们制定了自己的计划，使学习和生活有张有弛。除此之外她还会经常给大家分享一些来自欧洲，来自海外的真实经历，让同学们能有更多更广阔的视角去了解世界。

二、对位专业，丰富学生学科德育生活

班主任工作不仅仅是管理学生的学习和生活。在新时期，班主任更是协助者。有时是家人，有时是同学，有时是朋友。只有全身心投入，才能胜任各种角色，才能赢得大家的信任，才能将德育工作顺利开展。作为班主任，以身作则，推己及人，尊重学生，关注学生，帮助学生看到问题的更多角度，让每个学生都能对未来充满希望。尽可能融入他们，了解他们，才能更好地帮助他们，引领他们，为他们营造更好的成长氛围。立德树人、德育为先。

同学们在背诵语文课文时存在不少困难，或记住后面忘记前面，或把不同课文的词句混淆，或很难理解诗句含义而逐字硬背，以致丧失了对语文学习的兴趣，产生了可怕的抵触情绪。由于是舞蹈专业院校的学生，同学们对动作的捕捉和记忆迅速准确，对音乐节奏的感受力、领悟力很强。所以我们就用语文课本中的诗词文章，配合同学们熟悉的旋律曲调，自编成小组合、小片段，让同学们在跳舞的同时熟记了课文。同时还在中国舞教学科一年一度的世界读书日诵读会中登上舞台，"以诗配乐，以乐带舞"。同学们穿着亮丽的汉服，跟着熟悉的旋律，唱着课本里的诗句，跳着自己用心编排的舞蹈，不亦乐乎。这就是快乐学习、快乐生活。这一系列活动大大提高了同学

们的学习积极性，节约了时间，体现了专业特色。

同时，在此次活动中我们班还与其他专业的同学们进行了非常深入的交流与合作。与歌舞专业、音综专业的同学们一起谱曲、配乐、录音、缩混，并在学校组织的古北水镇春游活动中一起进行了"快闪"，得到了大家的一致认可，收获了耕耘的快乐。同时拉近了与歌舞专业、音综专业同学们的距离，增进了班级建设，增强了团队的荣誉感与凝聚力。

通过这次活动同学们还对我国汉族传统服饰有了深入的了解与研究，大家找到了共同的兴趣，愿意更多地去了解我国的传统服饰文化。

三、沟通疏导，引导学生发现成长可能

舞蹈专业的学生在青春期阶段，身体发育会对专业课造成无法预计的影响，这是与普通中学很不一样的地方；每位同学都会迎来自己身体不同程度的变化，必须及时帮助学生调整心态，在心理上多做疏导。

中年级阶段，部分同学的身高和体重会急剧变化，与班里的其他同学形成显著差距，在排练厅中一目了然。由于我们的专业特性，身高、体重的变化会影响到课堂或剧目中的位置。会丧失一些机会，会影响自信。

此时，作为班主任，需要帮助同学们培养抗压能力和自我调节能力，跟踪观察、沟通疏导。帮助他们认识到，遇到任何困难都不能着急，理性分析，正确面对，绝对不能自暴自弃或者埋怨他人，要找自己的问题，具体问题具体分析，慢慢解决不要急于求成。

同时我们必须要保证同学们对专业的持续热情，认定舞蹈是他们的生活，他们的事业，他们的未来。通过对经典剧目、专业书籍、前辈舞者的更多了解，寻找到属于自己、适合自己的方向。还要鼓励同学们互相帮助，调整心态，从专业中找到快乐，得到自信。

同学们的路还很长，北京舞蹈学院附中仅仅是一个精彩的起点。我们尽量陪伴他们一起成长，一起吃、一起住、一起玩、一起度过每一个集体生日；帮助他们放飞自我、释放天性、找到自己真正想要的未来；作为一名专业课老师，我尽可能把我走过的、经历过的事与大家分享，共同摸索，一起

成长，因为每位同学都有无限的可能性。

希望能够实现学校像家园，老师像父母，同学像亲人的校园氛围。每位同学都在自己的基础上有所提高，六年的中学生活会成为一段美好难忘的记忆。

四、理论学习，助力推进"三全育人"工作

在附中党总支的领导下，古典舞与技术技巧党支部带领党员教师及党员班主任教师每周开展党员学习，并把德育工作贯穿始终。通过集中开展理论基础知识的学习，观摩其他院校德育工作事例，交流"三全育人"工作的具体实施方案以及执行手段，在掌握育人技能的基础上，始终履行用舞蹈培育人才、用舞蹈塑造人才、用舞蹈成就人才。使同学们能在"全员育人、全程育人、全面育人"的德育体系中健康快乐成长。

党支部要求每位党员班主任教师必须明确自己的职责，培养身心健康、品学兼优、文化基础扎实、专业技术过硬、具有艺术修养的学生。才能符合我校"高等艺术教育优秀后备人才基地和优秀职业舞蹈表演艺术人才培养基地"的办学定位。中国舞教学科每年都会开展不同形式的演出与赛事，例如"小荷杯双馨奖"舞蹈比赛、"世界读书日活动"、"知识竞赛"、"英语口语大赛"等，为同学们搭建实践平台，激发同学们的各项能力，以多种形式来渗透德育理念。

在这一个个满是青春稚气的面孔中、纯洁可爱的灵魂里，充满着活力、懵懂和对美好未来的向往。我与中国舞2017级的34名同学相伴了1000多个日子了，衷心希望他们能够从这里扬帆起航，成为最好的自己。

班级日常管理工作的点滴思考

刘 振

师者,所以传道授业解惑也。班主任既要教书又要育人。班主任工作的首要目标,就是组建和培养一个和谐的班集体,让每一位学生在集体中快乐地享受每一天,每一天都能充实而有所收获。对于班主任工作,我尽心而投入,无论是工作中的艰辛与困惑,还是与学生共同创造的开心与快乐,用酸、甜、苦、辣都不足以概括!经过这些年的磨砺,我对班主任工作也有了一些自身的经验和体会。

一、把班级管理的主动权还给学生

当前,看管式、保姆式的班级管理模式在我校相当普遍。班主任的日常工作统揽包办,反而让学生失去了许多锻炼机会,班主任们也被许多琐事缠绕,弄得顾此失彼,焦头烂额。要想改变这种班主任工作方式,必须把僵化的保姆式班级管理转换成更为合理的遥控式班级管理,班主任要把班级管理的主动权还给学生,让学生以小主人的身份参与班级管理,让他们在班级管理中当家作主,而班主任则从旁协助,支持班级正常运转。

要做到灵活且合理的遥控式班级管理,其中一个关键就是要培养一批有能力的班级干部。为了能够让更多学生得到锻炼的机会,在新班入学之初,我尝试采用学生干部竞选制,由学生毛遂自荐,向班主任提交自荐书,再在主题班会上公开演讲,最后让全体学生选出值得信赖的同学作为班长和班委。班委成员产生后,由班长牵头,根据班级的岗位设置组建班委会。榜样的力量是无穷的。班干部无论在专业学习还是文化课方面都应该是班级的带头人。在日常学习和生活中,班主任必须关注班干部"榜样"形象的树立与完善,严格要求班干部以身作则,用实际行动影响全班同学。这就使得班干部在学生群体中产生很大的公信力,加强了"榜样"的感染力、吸引力和鼓舞作用。在班级治理中,有能力的班干部是班主任的得力助手,班主任不在班级时也能将班级管理得井井有条。所以,发挥班干部的模范带头作用,是班级管理行之有效的方法。通过挑选一批严于律己,能力出众,甘于为班级奉献的班干部,充分发挥他们的管理才能和榜样作用,既减轻了老师的负担,又进一步培养了他们的能力,还可以促进良好班风的形成,建立平等和谐的师生关系,师生同心,更好地推进班级工作。

二、用心对待每一位学生

心理沟通是指人与人之间在心理上的互相容纳,就是理解对方,接受对方,互相信任,互相尊重。师生间如果能架起一座沟通之桥,那很多事情就会迎刃而解。如何加强师生间的心理沟通,集全体学生的聪明才智于一体,这是做好班级工作的重要内容之一。如果做到了,将有助于建立一个富有生机活力的班集体。

良好的心理沟通能使班主任和学生互相接受,将心比心,不曲解对方。一方面,学生能理解教师教育要求的合理性和正确性,乐意接受教师的教育指导和帮助;另一方面,教师也能了解学生言行产生的背景,透视学生言行的真正动机,体谅学生的具体处境,理解学生的所思所想。一个十分有趣的教育现象是:有的教师温文尔雅,却能叫那些顽皮桀骜的学生听话;有的老师批评学生,总能叫学生心服口服;有的老师批评学生却引发学生的逆反心理。这些现象令人深思。它除了说明思想教育工作要注意方式之外,很重要的一点就是班主任在学生心目中的位置。班主任热爱学生,满腔热情地真诚帮助学生,学生理解老师的一番苦心,就愿意接受老师的教导,这是一种相互理解的新型师生关系。我肯定地认为,师生心理沟通是教师打开学生心灵天窗的钥匙,也是德育的成功秘诀之一。

三、严而有章,严而有矩

"养不教,父之过;教不严,师之惰。"刚刚任职班主任时,我对学生要求特别严，学生有了问题，动不动就批评，甚至于请家长，不给学生一点喘息的余地。学生见了我如同老鼠见了猫，怕得不得了，因而总是不愿意与我沟通。相处时间长了，却发现"严管"之下似乎无"强兵"：一是学生成绩上不去，二是班上纪律差（特别是上文化课的时候）；三是同学之间关系不融洽，没有班级荣辱观念；四是学生无上进心，被动学习，缺乏创新思维，没有自信心。我管得这么严，居然没有良好的效果，这令我十分困惑。经过细心观察，静心思考，仔细揣摩，我终于发现了学生日常生活中的端倪：原来"教过严，师亦过"。

首先，因为总是管得太严，学生害怕班主任，平时不愿和班主任交流的问题变得更加不敢问。有疑不敢质，时间长了，不仅禁锢了学生的思考力，也抹杀了学生的创新能力。他们在我用"威严"修建起来的成长道路上自然迈不开步，事事怕出错，唯恐受处罚。这种"军事化"管理、"填压式"教学，让学生总是敢怒不敢言，身在教室心在外，我所面对的只是一群不敢说话的"木头人"。

其次，学生们服从的是老师的严厉批评。可是，我的批评从来没有动摇过他们的内心世界，也没有帮助他们建立起一个正确的学习观、生活观、道德观。相反，我的言行正潜移默化地影响他们，我今天处理事情的方法或许明天就成了他们解决问题的手段。这种激进教育行为在同学之间有矛盾的时候或者是其他老师上课的时候自然表现了出来。久而久之，学生之间的关系不融洽，学生和教师之间都无法正常沟通，整个班集体没有了凝聚力。

最后，这样的管理方式也使每个学生都变成了一个封闭的个体。在每个个体都相互抵触的班级中，学生间缺乏真正的友谊，班级内没有良好的人情氛围。学生遇到挫折，没有人可以倾诉，得到的总是同学的嘲讽、老师的批评。在这样的环境中，学生有了错误，就会缺乏改过自新的勇气；学习上一旦遇到问题，就没有了上进的动力。长此以往，不仅学生的自信心受到打击，还影响学生正确世界观的形成。

为破解这一问题，我开始和学生经常地谈谈生活，谈谈理想，不仅问寒问暖，还和学生聊聊他们玩什么游戏、追什么偶像、喜欢什么运动等；设计一些如"我爱老师,老师爱我""班级是我家""假如我是班主任"等主题班会,加强彼此了解;组织大家一起布置班级环境,经常强调同学之间的团结。现在,我和我的学生之间不再陌生了,同学之间也多了几分深情。

四、个别问题个别对待

正确认识"问题生"的逆反心理,是思想教育成败的关键。每当教师谈到"问题生",就会自然地贴上"逆反""不听话"的标签,就会主观地认为这个学生就是扎手的"钉子",是令人头疼、棘手、无法教育的差生。但我认为,"问题生"的逆反心理其实也有积极的一面。

首先,研究这些学生的逆反言行可以不断改进我们的工作方式和管理方法。有一阵子,每当班级晚自习纪律不好,我就会对全班学生进行说服教育,连续几次,非但没有效果,而且一些学生明显表现出一种逆反、抵触情绪。遇到这种情况,我就开始自我反省:不守纪律的学生毕竟是少数,自己的训话总是打断他们的学习思路,自然会使部分学生产生反感。因此,我及时调整了方法,让批评教育更具有针对性,只教育个别学生,结果收效颇佳。

其次,这些学生的逆反行为有助于完善班级管理制度,让制度更具可信度和可行性。我们应该分析每个"问题生"产生逆反心理的根源,积极的一面要鼓励,错误的地方要说服教育,决不能只要学生有逆反就"一棍子打死"。我们不能以对立心态对待"问题生"的逆反心理,而应该去了解学生的心理动态,给予朋友般的关心、期待和信任。同时,班主任要帮助学生认识自身的优势和不足,帮助学生建立信心,并提出一定的改进措施,发扬他们的优势,克服他们的不足。这样就很容易和他们建立沟通,并取得他们的信任,逐渐调整好他们的心态。

再次,天生我材必有用,每个人都有无限的发展可能。成功与失败并非命运使然,而在于人的潜力是否得到充分挖掘。我利用每周一次的班会课,以"友谊永存""珍惜每分钱财,让班级充满勤俭的风潮""勤奋是成功的基础"等主题,引导学生展开讨论,帮助问题学生克服拜金主义、重利忘义等错误认识，端正个人需要与社会需要的关系，净化心灵，陶冶情操。同时，我也会帮助问题学生充分认识自己在道德发展中的潜能，并将这一认识转化成学习的精神动力，增强专业文化学习的自信心。平时，我还经常单独和问题学生谈心，了解其内心世界，注意发现学生身上的闪光点，适时地给予学生表扬和肯定。在提高认识、诱发情感的基础上指导其正确行为，使学生将外部责任内化为自身要求。

最后，我平时比较注重与其他任课教师密切联系，及时了解问题学生的专业文化学习情况，并把学生的平时情况及时传递给每位任课教师。如果有学生生病了，我会第一时间告知任课教师，使任课教师对每位学生的近况都做到心中有数。在教学中，我会自然流露出对每一个学生的关心、爱护、期待和信任。尤其是问题学生有了这些感受，就会从内心产生一种被关怀被信任的喜悦感和幸福感，从而高兴地接受教师的教育，配合任课教师的教学工作，提高自身的学习兴趣，增强学习自信心。

班主任作为学生在校期间陪伴时间最长的教师，责任重大。正因为这份沉甸甸的责任，每位班主任都在不断提升自己，与学生共同进步。善之本在教，教之本在师。在舞蹈学院附中这个"尽善尽美"的地方，我希望，因为有了我的陪伴，我的每一个学生每天都能快乐、阳光、充实。

抗"疫"期间私信沟通更贴心

蔡春梅

作为党员教师,本学期在党支部组织下,我在线学习了全国众多高校抗击疫情的优秀案例。其中印象最深的,就是北京师范大学的党员老师们利用专业特长,从 2020 年 1 月 25 日起为北京市民开通电话热线,回答人们因"新冠"疫情产生的各种困惑或烦恼。他们通过电话沟通,帮助人们战胜内心的恐惧。抗"疫"期间,我校也全部采用网络授课,学生们都居家在线学习。作为班主任,我们可以像北师大心理热线的老师们那样积极与学生沟通,不仅注重学生的学习情况,更要做好他们课后的心理疏导工作,这样才是"全过程"育人。网课期间的育人要讲究方式方法,不能简单照搬线下教学方式。为了做好学生心理疏导工作,不给他们增加心理负担,不激化学生和家长的亲子矛盾,班主任没有仅仅依靠家长"告知"来解决学生问题,而是改用微信软件与学生进行一对一交流。

抗"疫"期间,学生与家长都长时间居家,难免会因为生活琐事产生摩擦。如果班主任再因为学习问题和家长直接联系,无疑会激化亲子矛盾,也会使学生对班主任产生抵触情绪。因此,我在非必要情况下一般不联系学生家长。另一方面,我在工作中发现,有些家长即使常和他们谈话,学生的在校表现也没有明显改善。这类家长或是有心无力,虽然很关注孩子也非常想配合班主任工作,但缺少正确方法,常常无计可施;或是要面子型,望子成龙,管理严格,一旦犯错,便一味粗暴指责孩子,结果适得其反。显然,班主任无法通过与这样的家长沟通而有效解决学生问题,或是"石沉大海"或是"一石激起千层浪",反而容易造成亲子矛盾。为了更有效地解决学生问题,我改变传统线下教学中常用的沟通方式,由原来和家长沟通变为与学生私信直接沟通。通过一个学期的实践,我发现,这样的沟通效率更高,学生问题解决得更快更好。

班主任改用微信与学生直接联系后，需要注意两个问题。一是班主任要注意和学生沟通时自己的情绪和态度。通过语音微信，学生看不到班主任，但完全能够从声音中听出班主任的心情。班主任要提醒自己，私信学生的目的不是指责学生所犯的错误，而是为了了解他们出现问题的原因，因而要注意沟通的语气，以便学生能够接受，不会产生抵触情绪。二是班主任要给学生更多的话语权，给学生自辩、自述的机会。当班主任私信沟通问题时，学生大多会为自己辩解，甚至有的学生会感到被冤枉而愤怒。这时，班主任要采取倾听的方式。尤其是"新冠"疫情期间，学生只能居家学习，都会有一定的情绪，班主任需要理解他们的心情。因此，班主任和学生私信沟通时，要尽量多采取询问的方式，循序渐进地解决问题。

私信沟通方式不仅能及时解决学生问题，并且有助于形成和谐的师生关系。

个案1：某位男生在网课期间上课迟到。我知道后非常气愤，一是因为学生不准时上课，二是担心学生迟到会给班级扣分。但我没有直接和这位学生的家长联系，而是改用微信直接联系学生并询问迟到原因。令我没有想到的是，这位学生非常坦诚，没有找各种理由，承认是因为睡过了导致上课迟到。当听到他的实话时，我的气就消了一些，继续询问为何家人不及时叫醒他准时上课。原来学生的父母近期都在医院。因为"新冠"疫情原因，爸爸住院妈妈也不能回家，只能封闭在医院陪护。我又从孩子嘴里了解到更多他父亲生病和治疗的情况。这个平时少言寡语甚至看起来有些难交流的男孩能对家人这么关心，很让笔者佩服。通过这次私信对话，我改变了对他的看法，表扬了他的懂事，也帮他支招今后如何准时上课。和他私信沟通后，我惊奇地发现，这个内向的、以前几乎不和班主任互动的男生居然能主动联系我，并且在课堂上还能主动发言。以前从来不参与班会讨论的他，甚至也能提前联系主持班会的同学，要求安排自己发言。万万没有想到，一次没有提前计划的私信沟通，使我更加了解了一位学生，学生也变得更愿意交流。私信沟通带来了教育上的双赢。

个案2：班里有一位同学网课期间问题多多，总不能准时交作业。于是，我每周至少三到五次和他直接私信联系，催他及时上交作业。几周过去了，我发现这位学生的情况一点没有改变。随着我们私信沟通越来越频密，学生才说出来实情。原来除了自己写作业拖沓外，主要是妈妈从周一到周末每天晚上还给他都安排了课后网课学习，以至于他下了学校的线上课还得去上网课，因此没有时间写校内作业。了解情况后，我赶紧联系家长，希望家长能够合理安排孩子的课后班。可是，家长依然执着，课后班一节课都没有减少。面对这样的家长，我只能选择尊重，但继续帮助这位学生，安抚他的情绪，鼓励他提高课上效率，抓紧时间完成校内作业。通过几次私信沟通，这位学生对我更加信赖，他发现我并没有和他妈妈一起"联合对付"他，反而帮他想解决办法。因此，他对我的态度越来越缓和，越来越信任，师生关系比以前线下教学时更加和谐。关键是，他后半学期的网上作业逐渐能够准时提交，老师们也表扬了他的进步。

抗"疫"期间，特殊的线上班主任工作经历启发我与学生私信沟通，不仅及时了解学生遇到的问题，而且让学生更加信赖班主任，更愿意配合班主任工作。这一双赢的育人手段，是我在抗"疫"期间做班主任工作最大的收获。

没有面对面 可以心连心

线 谱

2020年1月新冠肺炎疫情突如其来，这是一场全世界与病毒的博弈，我国各行各业都经历了与疫情、与时间的战斗。学校教育面临前所未有的考验，师生相隔几千公里，只能通过网络在线授课。在此背景下，怎样引导学生心无旁骛地求知问学，沿着求真理、悟道理、明事理的方向前进；如何提升学生的综合能力、审美和人文素养？作为一名班主任，我也在思考怎样在网上开展班级教育和教学管理。

一、广泛利用网络技术资源

抗"疫"期间，班主任利用多种信息化手段开展直播教学、师生互动、学情统计、作业布置、问卷调查等。作为网络管理员，班主任可以查看学生在线学习的情况，并根据学情反馈及时建议科任教师改进教学策略。班主任还可以利用微信、校信通等方式加强班级管理。同时，班主任可以加强班级管理团队的任用，包括班委和科代表，让他们组织学习小组，借助现代通信手段负责督促小组成员学习和完成作业。这样，班主任管理起来就会轻松很多，还很有效。

二、认真倾听学生和家长声音

抗"疫"期间，班主任要加强与班干部、小组长、科代表、问题学生的交流沟通，了解班级存在的问题，广泛听取意见建议，及时帮助问题学生，做到虽然人不能和学生在一起，但心要和学生在一起，从而形成班级向上的合力。班主任还要定期与家长交流沟通。线上教学需要家长发挥关键作用，老师只是遥控指挥。学生学了没有，学习效果如何，家长实地查看，一清二楚。班主任要督促家长，指导他们为孩子创造安静舒畅的学习环境，和孩子一起制定学习计划，及时督促学生上课，完成作业，做眼保健操，加强体育锻炼。如果班主任能发动家长配合，网上学习就多了一份有力保障。

三、合理制定班级规章制度

抗"疫"期间，班级会出现这样那样的问题。班主任要和学生一起筛选适用于网上教育教学的班级规章制度，利用班会课给学生讲清楚，让他们心中有纪，心中有责，心中有畏。班主任可以在班内选出专门负责记录缺勤人数、迟到情况、作业情况的同学，定期向班主任汇报情况。上网课期间，班主任通过定期召开班会和晨会加强班级管理，及时对班级情况进行总结改进。班会上，班主任不但要指出发现的问题，还要提出改进措施，及时表扬网络学习表现优秀的同学。战"疫"期间涌现出了许多鲜活的英雄事迹，班主任可以利用主题班会对学生加强人生观价值观教育。

附中是孩子们成长过程中的关键阶段。我深知附中班主任的重要责任，既是班级管理的核心，又是学生健康成长的引路人，还是联系任课老师和学生的纽带。抗"疫"期间，线上教育不仅考验学生的自觉程度与学习能力，而且要求班主任的管理与教育方法妥善、得当。因此，班主任要充分调动身边的可利用资源，在保证学生身体健康的同时兼顾专业文化的学习和个人品德的涵养，建设好班级，培育好学生。

如何做好一名合格的班主任

李婷婷

2018年9月，我有幸担任了歌舞2018级班主任的工作。在过去两年多的工作中，我深刻体会到，班主任工作虽然烦琐复杂，却是一项塑造学生美好心灵、养成良好习惯的工作。作为初任班主任，我一直在想，如何才能做好一名合格班主任。

首先，班主任要积极主动学习起来，把学到的知识用到实际工作中去。这样就可以不断更新和完善班级管理，班级整体发展水平也会不断提高，学生也会对班级工作保持新鲜感和参与感。

于是，我利用业余时间通过书籍、杂志、网络等方式获取丰富的有助于班主任工作的理论知识。我把它们大致分为两类：一类是有关人生哲学和名人传记的，例如《人的智慧》《逆境中觉醒》《梁启超家书》《别在吃苦的年纪选择安逸》等。这类书籍思想丰富，能够帮助我在向学生说明某个问题时侃侃而谈，滔滔不绝，令其信服。另一类就是指导班主任工作的书籍，例如《凭什么让学生服你》《优秀班主任60个管理创意》《班主任兵法》《做最好的班主任》等。每一次读完这类书，都让我大开眼界，大有收获。我还通过微信公众号订阅了《班主任研究会》《班主任工作漫谈》《班主任宝典》。读书时间久了，我在工作中遇到一些困难或问题，就会自然地想到这些文章，它山之石可以攻玉，很多问题都迎刃而解。我认为，对于班主任而言，教龄和经验只是一方面，还需要与时俱进，随时调整工作思路和方法才能适应当下的教育需求。在网络信息发达的时代，自主学习让我的班主任工作做得有滋有味。

其次，班主任工作要极讲究方法。班主任工作是一门极富艺术性的工作，能否掌握这门"艺术"会直接影响班主任工作的效果。班主任就像一个充满无限创造力的艺术家。每个班级不同,每个学生不同,一切都充满了变数。班主任在处理一些平凡琐碎的小事中体现出教育智慧。班主任的教育智慧源于对学生的爱!有了对学生的爱,才会为了学生健康成长苦苦思索,智慧才会像清泉一样汩汩而出。

面对歌舞2018级的32名学生,我总在想,只要好好爱他们,他们就会慢慢爱上我。爱才是教育发生的前提条件,有爱的班主任才能真正教育好学生。但是,要想让学生感受到班主任的"爱"和"亲近"谈何容易啊!霏霏上课的时候经常会走神儿,作业也不能按时完成。我当时没有直接找她本人沟通,而是从侧面向她的好朋友了解情况,原来她的父母经常吵架甚至大打出手。霏霏来京上学后一直非常担心父母的关系,经常晚上独自在宿舍偷偷哭泣。于是,我找她谈心:"孩子,我是你的班主任,更是你在北京最亲的人,请你相信我,给我一个机会,让我去帮你解决你最担心的问题,但你也要答应我,听老师的话认真好好学习!"她眼里噙着泪水点头答应。当日,我分别与她父母通话交流,再三强调说明:"你们的孩子是我的学生。她现在的学习情况因为你们夫妻关系不和睦大受影响。我希望你们夫妻能够把爱和更多的关注放在孩子身上,因为她真的很爱你们!"经过几次沟通,她的父母不再争吵,母亲也赶来北京,当面给孩子做了保证,他们一家开始了新的生活。从那以后,我渐渐看到了孩子的笑容,也很快见证了她学习进步取得的成绩。我认为作为一名合格的班主任,既要了解学生,还要分析研究学生,找到好的方法,教育才能取得事半功倍的效果。

俗话说得好:"十个指头有长有短",更何况一个班级的32名学生。班级里有一个学习极好但自理能力极差的学霸小钱。听学生说,他特别爱购物,买回来的东西总是多到占天占地,同学们对他都很有意见。有一次,我在路上偶遇他,发现他买的居然都是书。原来,他无休止地购书导致宿舍、课桌的东西越来越多,却又疏于整理,结果影响了同学。于是,在读书分享会上,我特意安排他分享读书收获与经验,还特别表扬他爱读书的精神。不经意间,我走到他的课桌旁用非常夸张和惊讶的表情说:"这样的书桌怎么会是你的呢?!爱读书的人不是应该能从书中学到生活的美德?你这么爱读书，怎么可能不会整理和爱惜你的书呢？一定是搞错了吧？你需要一个助理帮帮你，你看我可以吗？"同学们被我的话逗得大笑起来。他自己也笑了，然后马上对我说："意外，这是个意外。明天就收拾。"我说："既然是意外，那就给我一个机会，为你整理一下书桌，教你怎样在一个整齐环境里舒心读书！"那天，我一边帮他整理东西，一边教他怎样归纳摆放，同时提醒全班同学都要注意自己周围的卫生。从那天起，小钱同学开始注意这个问题，虽然偶尔还是会有些小混乱，但每次看他努力又迅速地整理物品时，我的心中还是充满了欣慰和成就感。

做一名合格的班主任，要注意加强班集体建设，树立良好班风。良好班风对班级成员行为具有一定的规范和约束作用，有助于学生树立正确的人生观和价值观，对班级产生认同感和归属感。建立好班风，班主任一要认真研究学生的个性差异，引导学生为建设良好班集体而努力；二要了解班级情况，充分发挥每个学生的聪明才智，群策群力；三要在班级形成正确的集体舆论，奖善奖勤奖优；四要确立班级发展长远目标，坚持实践。当然，班主任还要和家长保持密切联系。教育是需要全方位施加影响的，亲师团结合作才能及时对学生因势利导，引导和帮助学生更好地完成学业。

"不经一番寒彻骨，怎得梅花扑鼻香。"要做一名合格的班主任，要想管理好一个班级，必须要付出大量心血才能不负师者使命。

不让学生输在道德成长的起跑线上

陶 勇

北京舞蹈学院附中享有"舞蹈家摇篮"的美誉,从中华人民共和国成立初期至今为祖国培养了无数优秀的舞蹈专业人才。在专业传承上,我们有"传、帮、带"的光荣传统,可谓一丝不苟、兢兢业业;在"立德树人"上,我们致力于培养德艺双馨的新时代舞蹈人。

近年来,我们一直在倡导"先立德树人,后成才成家"的教育价值观。古人有云"厚德载物",一个人的品德境界越高,将来才有可能担负越重要的职责。新时代的舞蹈人就是要用艺术为国家服务,为人民服务。因此,作为附中教师,我们不仅要对学生进行专业教育,更要把德育放在工作的首位。我们要用爱心呵护每一颗年轻的心灵,塑造一个个充满"爱"的灵魂,教会他们认识真善美,追求真善美,创造真善美,让他们不仅拥有扎实学识,还要拥有一颗仁爱之心。我们决不能让我们的学生输在道德成长的起跑线上。

一、教会学生生活自立

附中是寄宿制学校,学生来自五湖四海,还有一小部分我国港澳台地区学生,以及很小部分外国留学生。他们的入学平均年龄大都是12岁,意味着一切要从独立生活开始教起。每天按时作息,整理内务、个人卫生、按时完成学习任务,这些成年人看起来很平常的事情,对于刚刚离开家庭投入集体生活的他们,刚开始确实是一个"问题",需要一段时间去学习和适应。班主任作为班级的管理者,这时候更像他们的亲人,需要耐心、一点一滴地教会他们做这些事情,让他们养成良好的生活和学习习惯,掌握必要的生活小常识,树立初步的集体意识。这些对他们将来的学习生活至关重要。拥有良好的身心健康,创造舒适的生活和学习环境,是学生入学后非常关键的第一步。

二、引导学生建好班集体

建设一个良好班集体，需要培养好班风。班主任除了平时为班级大事做决断，更要注意锻炼学生的自治能力。班主任要根据每个学生不同的兴趣和天赋，鼓励他们积极主动地参与班集体建设和管理。这样既可以锻炼学生的自治能力，让他们从中获得成就感，增强自信心；久而久之也会让更多学生产生集体荣誉感，站在班级整体的高度思考和解决问题，用实际行动捍卫班级荣誉，营造一个良好的发展大环境。

建设好班集体，需要建立一支责任心强、素质高的班干部队伍。这支队伍是班级的核心，是凝聚班集体的纽带，也是班级自治的基础。有了一支强有力的干部队伍，班级管理就会事半功倍。陶行知曾经谈到学生自治四点好处："第一，学生自治可以为修身伦理的实验。第二，学生自治能适应学生之需要。第三，学生自治能辅助风纪之进步。第四，学生自治能促进学生经验发展。"班级管理和建设不是班主任一个人的事，需要通过构建以班主任为核心、班干部为领导、全体学生参与、全体家长支持的班级自治共同体，实现班集体的良性建构，促进每个学生健康发展。

三、为人师需以身作则

"学高为师，身正为范。"班主任必须以身作则，潜移默化地影响学生、教育学生。"教师"有两种含义：一是指某门学科的讲授者；二是指有威望的，多智的，对人们有巨大影响的人。这里所说的有威望、巨大影响的人，其实是指教师要做具有道德威望和影响的"人师"。班主任是对全班学生进行道德教育的主力，其人格魅力、品德修为对学生道德观的形成有着重要影响。因此，班主任更应时刻注意严格要求自己，以身作则，学生才能做到真正心服口服。

学生的思想、价值观和行为方式随时代不断变化，这让我们的工作不断面临新的挑战。但是，只要"立德树人"的教育初心不变，犹如关爱自己孩子一般关爱学生，让他们感受到老师和学校的温暖，相信他们总会明白老师的用心良苦，终会成为"文舞相融、德艺双馨"的优秀人才。

中职艺术院校班级德育的有效策略

邢浩恩

北京舞蹈学院附中建校以来培养了无数享誉世界的知名舞蹈家，更有着"舞蹈家摇篮"的美誉。北舞附中招生条件高出"天际"，可谓万里挑一。面对这些艺术学子，附中除了加强艺术课程教育，还要加强德育，培养学生正确的人生观、价值观，让学生正确把握人生导向，树立更高的人生目标。

北舞附中的育人目标是培养德艺双馨的艺术人才。当前，很多学生没有树立起崇高的理想信念，以为学好技艺独步天下，没有将学习艺术提高到以艺养德的高度，也缺乏对国家、民族和人民的责任感和使命感。钱致榕先生说："一个民族在全球化洪流冲击下的前途，就要看他的下一代，能不能做一个新时代的公民，这一切，都端赖于教育。"近年来，附中落实立德树人的根本任务，越加强调"文化立校、文化育人"，将德育工作重心下沉到班级，从加强班级德育入手培育新一代舞蹈人。

一、引入红色文化，加强爱国教育

班级德育要将弘扬爱国主义、民族精神和时代精神作为重要内容，引导学生自觉形成社会主义核心价值观。作为抓手，附中班级德育引入红色文化，在重大革命纪念日以及节假日组织学生唱红歌、讲革命英雄故事、看红色电影，培养学生的爱国情操，培养学生的向心力、凝聚力，感化和教育学生以积极向上的面貌对待生活，增强抗挫能力。

二、体现职教特色，加强审美德育

中职学校德育必须体现职业教育的特色。对北舞附中而言，如何在德育中融入艺术审美元素，引导学生将学道德与学艺术融合起来，这是一个重要的研究和实践课题。北舞附中的大部分学生介于12岁到15岁之间，在几乎封闭的艺术学习环境中生活，思想相对比较单纯。附中的班级德育可以从艺术专业入手，引导学生去体会道德的美感，将道德元素融入艺术创作，将审美生活与道德生活有机统整起来。

三、开展班级活动，加强活动育人

班级活动是育人的重要途径。班主任可以开展丰富多彩的班级活动，如：观影、阅读、朗诵等。通过观看《中国机长》，让学生了解川航英雄班组的事迹；通过观看《建国大业》《建党伟业》等影片，提高学生对党的认识；通过阅读、朗诵歌颂党，歌颂祖国。学生在活动中受到潜移默化的教育，道德水平得到不断提高。

四、组织公益活动，加强协同育人

通过组织公益活动，班主任引导学生自编自导自演，走进养老院、敬老院、福利院等，给老人、幼儿进行演出。公益活动让学生亲身参与，提高了学生对善的认识，加强学生对于助人为乐、不求回报的认识。参加这些活动，也能够让学生认识和了解社会，跳出"小我"，站到更高层次去看待社会，从而对生活葆有希望和热情。

五、重视心理辅导，加强心理健康教育

班主任还可以将心理辅导与德育融合起来。了解学生心理状况，就是要了解学生是处在压力中还是处于紧张中，抑或是处于抑郁状态。这样有助于班主任针对性地对学生进行辅导，让学生缓解内心压力，提高心理承受能力，从而真正提高道德素质。

六、开展文化建设，加强文化育人

校园文明建设有助于推动和支持班级德育。班主任可以引导学生积极参与学校组织的学术活动、科技活动、文艺活动、体育活动等，拓展视野，加

强群性发展，提高思想认识，升华道德情感。班级也可以相应地开展主题班会、社团活动等，让学生参与到班级文化建设中来，提升班级德育工作。

总之，做好班级德育工作是一个进阶式、发展性的过程，需要不断充实内容、拓展途径、转换方式，同时，也需要班主任不断提升德育能力，磨炼内生动机。只有这样，班级德育才能走出瓶颈，做出水平。

用爱和智慧陪伴长大

白　鸽

习近平总书记在学校思想政治理论课教师座谈会上强调："青少年阶段是人生的'拔节孕穗期',最需要精心引导和栽培。"作为国标2017级班主任,我遵循全员育人、全程育人、全方位育人的德育理念,努力做好班级德育工作,用爱和智慧陪伴孩子们长大。

一、全员育人

1. 建立家委会制度,加强家校共育。附中的学生年纪偏小,大多来自全国各地,较多家长选择了离乡背井进京陪读。这些家长在京无亲无故,唯一的"生活"就是陪伴孩子。于是,本着双向选择的原则,国标2017级由三位陪读家长建立了家委会。这些家长进入班级日常管理中,帮助班主任解决学生生活问题,帮助其他家长向老师传达最真实的意见和建议,有效监督孩子们的"三观"动向,成为学校、家庭、学生之间的有效桥梁,加强了学校与家庭共同育人。

2. 积极参与社会实践,加强社会教育。专业院校孩子们的日常生活单调,"文化课教室、宿舍、练功房、食堂"四点一线占满了他们的生活时空。但我认为,对青少年来说,走出校园参加社会实践活动对于丰富经历、拓展视野、调节心情是必不可少的。国标2017级参与了学校组织的两次春游社会实践,并利用周末和法定节假日参观了北京天文馆和国家博物馆。通过组织这些社会实践活动,学生们亲身感受祖国发展之快,目睹中华大地发生感天动地的伟大变革,增强了对中国特色社会主义的道路自信、理论自信、制度自信、文化自信,同时打开了眼界,丰富了生活经历,也增强了班级凝聚力。

二、全程育人

1.培养学生劳动能力。习近平总书记指出，要在学生中弘扬劳动精神，教育引导学生崇尚劳动、尊重劳动，懂得劳动最光荣、劳动最崇高、劳动最伟大、劳动最美丽的道理。附中是寄宿制学校。国标2017级学生入校时大都10—12岁，很多没有参加过家务劳动。我在孩子们入学之初亲自教他们扫地拖地、铺床、整理内务，给孩子们提出了高标准的卫生要求，制定了严格的劳动责任制度，将劳动与集体荣誉感、班级责任感挂钩。国标2017级学生在入学后的两年里一直是全校宿舍卫生和教室卫生的第一名。我相信孩子们在长大后也能够热爱劳动，希望这个好习惯能够伴随他们一生。

2.增强学生文化学习能力。在"文舞相融"校训指导下，我深刻感受到综合性舞蹈人才必须具备深厚的文化底蕴，于是带领孩子们积极参与学校"读书月"系列活动，与他们一起在初中一年级完成了初中三年语文必背古诗文和文言文的背诵和默写。相信这些知识会内化到每个孩子的心中。

3.全程陪伴，做个"真"人。每星期超过60个小时的陪伴，使我了解了班级中每个孩子的思想动态，及时与学生谈心，与家长有效沟通。两年时间里，我每周批改学生周记，当看到学生在周记中称我为"我们心中最温暖的小岛"时，内心自然地感到喜悦和充实。全程陪伴学生，使得他们更加信任我，也更利于我对他们开展思想工作。我坚信，只有真诚才能赢得真诚，只有真情才能拨动真情的琴弦。我的灵魂一定要时刻在场，才可能和学生有灵魂的相互托付和信任。

三、全方位育人

作为班主任，我充分利用各种教育载体，全方位开展国标2017级的德育工作。我班每月至少召开一次主题班会，每次我都精心选择主题，尽量契合孩子们的精神需求。例如："工匠精神""心怀感恩，做德艺双馨好少年""自律与他律""珍爱生命"等。在主题班会中，我充分利用多种媒介、公益广告、演讲视频、新闻资讯等，让孩子们更加直观感受到老师想要传达给他们的教育理念，同时也让孩子们参与到主题班会的策划中来，增强他们的主人翁意识。在班会上，我会让学生们表达观点和感受，班会后也会让他们在周记中写下体会和认识。这让我们的德育更加落到了实处，丰厚了孩子们的思想厚度，也更加坚定了理想信念。

国标2017级同学保持了入校两年、两年"星耀附中"优秀班集体评选年度第一名的好成绩。两年里，我陪伴他们成长，也见证了他们的成长。我为他们感到自豪！

用心带班　用心育人

石　琳

作为班主任，用心带班是本职本分。平时带班，班主任要善于与学生沟通交流，做学生的知心人；抓好班级制度的建设，增强班级凝聚力，培养学生集体荣誉感；要做好班干部培训工作，增强学生干部的工作热情和执行力。除此之外，班主任带班还要做好以下三项工作。

一是积极开展活动，例如：组织主题班会，以寓教于乐的方式引导学生明白做人的道理，启发学生爱国、爱校、爱舞蹈。有时，我也会以某部电影、某个人物、某个事件为话题，循序渐进地为学生树立正能量榜样。班主任要尽可能让主题班会形式多样，生动活泼，贴近生活，针对性强，让每个学生都有机会参与进来，并尽可能在其中展现价值。

二是要将全程育人贯穿学生成长始终。这就要求班主任对这个年龄段孩子的心理要有所了解，既积极培养班干部，又鼓励每个孩子自觉维护班级制度，努力形成团结向上的优良班风。班主任要及时从公寓老师、专业老师、文化课老师以及家长、同学等不同角度了解学生的状态。班主任还要激发孩子们的学习兴趣，进行浸润式教育，培养他们刻苦学习的意志，帮助他们掌握学习方法，让他们体验到成长的尊严。

三是要创建良好班级文化。在我看来，班级的文化氛围可以造就一个孩子。如果一个学生在班里总被批评，他就会变得自卑，反之，他就会变得自信；如果一个学生在班里总被嘲笑，他就会忧虑，反之，他就会更爱这个集体。所以，我在班主任工作中注重赏识学生，并教育学生宽容待人，学会发掘他人的闪光点，学会与他人友好相处，营造和谐文明的班级氛围。班主任要让每日可见的班级板报、图书角都发挥宣传阵地作用，坚持正确引导学生心理，用优秀的作品鼓舞人，用典型的事例激励人，对学生进行办学理念、校训、校徽、校风、学风教育，培养他们的自豪感和自信心，形成班级凝聚力和向心力。

班主任不仅要用心带班，更要用心育人，努力做学生的护航人。每个学生在不同时期都会有不同的成长问题，班主任要有坚韧不拔的毅力，及时引导、疏导学生，时时给予学生精神和心理上的安慰和鼓励。这要求我做好以下三点。

一是充分了解学生。学生受家庭、社会的影响，对不同问题、不同事物都有不同的看法。这时，班主任就要深入学生中间，与学生交朋友，及时了解学生各方面的需求和问题，因人因时因地做孩子们的思想工作。在工作中我越来越认识到，班级德育一定要从实际出发，具体问题具体分析，把握学生思想脉搏，对症下药，把"心理医生"的工作做好、做活、做细，才能实现因人施教的目的和效果。

二是充分尊重学生。这既可深化师生感情，又可激发学生的创造热情，使他们葆有奋发向上、锐意进取的精神状态。现在的学生知识面宽，思想活，对人生、前途、事业、社会等都有所思考。但班主任若是对他们的思想，不管正确与否，都全盘接受；对他们的行为，不管是否得体，都鼓掌喝彩，逢迎迁就，听之任之，必然会将学生的发展引向歧路。我认为，真正的尊重应当体现为因人制宜、有疏有教的教育原则。首先，对学生既不求全责备，也不一味认同，对学生表现出来的思想错误、问题和不足应实事求是、合理评价，提出中肯意见，督其改正。其次，引导学生正确看待自我。学生敢想敢为、勇于探索是件好事，班主任应当予以正确引导、教诲，使学生及时修正心理"蓝图"，及时更正自己的行为，努力适应社会的现实要求。

三是身教胜于言教。作为一名班主任，不管自己心情如何，在学生面前都要心平气和，让他们感觉到正能量，保证让自己言行正常。教师应当以身示范，让学生感觉到榜样的力量。孔子说："其身正，不令而行，其身不正，虽令不从"。教师的一言一行都对学生有潜移默化的影响。有些情况下，老师千言万语的说教，不如一个实际行动给学生产生的影响更好。因此，凡是要求学生做到的，班主任首先要做到。

2020年是惊心动魄的一年，"新冠"疫情肆虐全球，我虽然隔离在家，却时刻关注国内国际的动态变化。我被抗疫英雄的事迹感动，被隔离中的百姓故事感动，时而潸然泪下，时而义愤填膺。我的灵魂每一天都被震撼、被洗礼着，所有的感动融汇成了一份激情、一个目标，那就是我一定要做好班主任工作、教学工作，为祖国的教育事业尽心尽力，让学生们成为发自内心热爱祖国、德智体美劳全面发展的新时代社会主义接班人。千言万语汇成四个字：用心去做！这个时代的孩子们，是酷酷的一代人，是既传承中华文明又追逐新潮流、新科技的一代人。我非常荣幸能够陪伴孩子们的成长，我爱我的学生们，爱我的学校，爱我的祖国！

漫谈新生入学前的能力培养

李风静

一、修身：培养生活适应能力

对于十二三岁的孩子来说，"修身"即意味着学会自立，学会自主，学会自律。为了让新生尽快适应新环境、新生活，成功实现由小学生到中学生的角色转变，自7月下旬开始，我就着手锻炼孩子们的生活适应能力，组织他们参加了一系列丰富多彩的入学教育活动，每日学习一个主题，每天训练一个项目，包括扫地、拖地、洗衣（必须清洗个人内衣、袜子）、刷鞋、整理房间、换床单被罩、擦玻璃、清理厨房、整理行李箱等。为让学生入脑入心，我将《文明宿舍管理规范》逐条分解，要求每名学生逐条完成讲解并背诵，同时利用孩子们喜闻乐见的短视频形式，要求每名学生按规范完成45个视频。从7月23日试运行到9月5日，我还在班里实施打卡制度，强化了《早晚巡查规范》。

我通过安排学生每天轮流担任值日班长，加强孩子们的自我锻造、自我管理能力，培养了他们的主人翁意识和集体主义精神。值日班长站在与班级荣辱与共的高度，以积极认真的态度，全面经营管理班级，创造性地开展工作。值日班长认真做好各项工作，做到公正、公开、尽职尽责。值日班长制锻炼了孩子们的领导能力。每日两个班长，后半程是每日三个班长。他们有协作，有争执，但最后总能求同存异。在班级工作中，他们成长了。

通过修身教育，学生在各方面都得到了锻炼，生活能力得到了有效提升。

二、齐家：培养集体生活能力

对中学生来讲，校即是家，班即是家。齐家就是帮助孩子树立集体观念，帮助孩子在集体中找到自己的位置，实现集体与个人的共同成长。我分别从学生和家长两个方面入手，培养学生的集体生活能力。

俗话说，"兄弟齐心，其利断金"。我要求全班男生以《我们是兄弟》为题写一篇作文。学生在开始写作前要先写下全班除自己以外的13个男生的名字。未来14个男子汉要在附中共度六年时光，若考上北京舞蹈学院，大家就是十年同窗。大家在学习上是同学，在赛场上是对手，在生活中是兄弟。我同时要求女生以《我们是姐妹》为题也写一篇作文。14个女生彼此是贴心人，是能够互相勉励、能说心事的好姐妹。我把大家提交的作文张贴展示在教室板报上，成为一道情感风景线。随后，我又让全班学生以《我们是一家人》为题写一篇作文。每个学生都是班里的一分子，每个人都应该为班级贡献一份力量。孩子们在作文中说到，"要为班级的进步，合力拼搏，贡献力量""班级要拧成一股绳""从身边做起，为班级争光""当发现地上有纸屑的时候弯一弯腰；当发现班级门窗没关的时候伸一把手，这就是爱集体"。当看到孩子们的这些文字时，我感受到了文字背后对班级的深情厚谊。

在家长层面，我积极创新家校沟通形式。良好的家校互动，是班级建设的基石。学校是学生成长的摇篮，家长是学生的第一任老师，教育是家校合力作用的结果。所以，班集体建设要先激发家长的热情，家长的凝聚力也是班级的凝聚力。说实话，家长间的沟通和良好关系的建立需要一些时间。通过引导家长关注孩子成长的各个环节，让他们紧密配合，互相支持，真正拧成一股绳，达到家校共育的目的。只有团结的家长才有更加团结的孩子。我结合孩子成长的特点和需要家长配合的相关事项，给家长留了作业：问卷调查"为了孩子的明天"。

问卷调查

"为了孩子的明天"

回答下列问题，答案是开放性的，想到的办法都可以写下来，汇总后我们可以互相借鉴。

1. 孩子初次离家独立生活，如何与同学相处，当出现矛盾时，您会如何跟孩子沟通？您会永远站在孩子的角度来解决问题吗？

2. 经过这个阶段的生活训练，您认为他（她）的自理能力还有问题吗？哪方面还应该再加强？

3. 对于孩子出现一些反常行径，家长会如何处理？

4. 一些寄宿的孩子因为开始独立生活，心理上会有很大变化，年龄小的可能会有畏惧，年龄大一点的孩子，可能会不受约束而产生放纵的情绪，有这种情况我们怎么办？如果有霸凌事件发生，孩子不敢跟老师说，您的处理方式？

5. 安全问题，没有特殊原因，不要随便离开学校，保证孩子的安全。

6. 寄宿生的饮食，总有一个适应的过程，能够在保证营养的前提下，吃饱吃好非常关键，建议家长在上学之前向孩子讲述营养食物的知识，告诉他们不要到有卫生问题的地方吃东西，使他们懂得识别哪些食物有营养，哪些食物无益处。

7. 教育孩子不要随意展露现金和不要带过于贵重的物品。

8. 您认为什么方法能让孩子们更有凝聚力？

9. 舞伴家长之间的关系怎样处理？舞伴之间的关系如何处理？

这次"作业"缩短了家校间的距离，增强了家校合力，同时引导家长积极配合做好习惯养成教育。

三、走天下：培养爱国主义情感

2019年是祖国母亲70岁的生日。作为一名北舞人，应怀揣爱国热情，争取在这个崭新的大时代实现自我价值，为校争光，为国争光。为培养孩子们的爱国热情，我咨询语文老师后，把小说《红岩》推荐给学生阅读，并要求学生写下读后感。

《红岩》读后感

  这是一个扣人心弦、跌宕起伏的故事，表现了共产党员为共产主义理想奋斗、坚贞不屈的精神；这是一段刻骨铭心的历史，记录了国民党反动派的滔天罪行；这是一座屹立不倒的里程碑，代表着那时革命战士的雄伟形象，这，就是小说《红岩》。

  我敬佩他们——敬爱的革命战士们：江姐，坚贞不屈、沉着冷静、从容大方，为革命事业牺牲个人的感情和利益、把生死置之度外。当她初到华蓥山时，就见自己丈夫的头颅挂在城门口，她却忍住悲愤，坚持为党工作；当遭受敌人的严刑拷打时，宁死不屈，坚定地说："严刑拷打是太小的考验，竹签子是用竹做的，共产党员的意志是钢铁做的！"就义前，她还和同志们从容告别，表现了她视死如归的精神和对党的无限忠诚。她在敌人面前铁骨铮铮、浑身傲骨；对待同志温柔耐心、体贴入微，是完美的共产主义战士的化身。

  "红岩上红梅开，千里冰霜脚下踩，三九严寒何所惧，一片丹心向阳开向阳开……"每当我听到这首《红梅赞》时，都禁不住地想起了这些革命先烈们，是他们用自己的满腔热血和宝贵生命换来了今天和平、繁荣、日益强大的新中国。我们要珍惜这来之不易的幸福生活，和分裂祖国、有损国家和人民利益的行为做斗争！同时，我也要学习书中英雄人物的宝贵品质：比如江姐的对于理想的坚定执着、乐于帮助团结同志；成岗的临危不惧、严谨细致、沉着冷静；许云峰的机智勇敢、舍己为人。我要在生活和学习中注意培养自己这些优秀品质、始终以他们为榜样、积极进取、奋发图强、让自己成为国家的栋梁之材！

  看到他们这一篇篇热情洋溢的感怀，我也很激动。孩子们在读书中感悟人生，在读书中学会思考。名著阅读推荐燃起了孩子们的阅读激情，激发了他们的爱国情怀，激发起孩子们的民族责任感、求学自豪感、集体荣誉感。

国标 2019 级新生的入学工作可以说开展得扎扎实实。新生迅速适应了新环境，提升了文明修养，养成了良好的行为习惯，感受到了学校的温暖，同时客观、理性地了解了学校及所学专业的现状和发展趋势。新生入学前的能力培养，将有助于他们积极阳光地面对未来，并在以后的学习生活中披荆斩棘，实现梦想！

做"润物无声"的教育

吕 亮

杜甫诗云："好雨知时节，当春乃发生。随风潜入夜，润物细无声。野径云俱黑，江船火独明。晓看红湿处，花重锦官城。"这首诗中蕴含着我对班主任工作的理解。做"润物无声"的教育，是我一直以来的教育追求。我以为，"润物无声"是指有大胸怀者做贡献而不张扬，默默奉献；似雪落春泥，悄然入土，孕育和滋润生命。理想的教育，就应当是虽无痕，却有声有色，有滋有味，如歌如乐，如诗如画。

又是一个新的学期，我迎来了班主任工作的新的挑战。自参加工作以来，我就一直担任班主任，真切感受到了这项工作的不易和艰辛，小到扫地、拖地，大到国家、学校和班级荣誉。我们的责任不光是培养出有专业能力和扎实理论基础的舞者，更要培养有着高尚情操和道德品质纯洁的国家栋梁之材。

首先，用心对待每一个学生。古语说："养不教，父之过；教不严，师之惰。"我们的学生都是从小脱离父母的呵护来到舞蹈学院这个大家庭的，他们把我们当"父母"一样依赖。在这种情况下，我们不光要尽老师的责任，更重要的是我们要以学生为本，让他们真的感受到关爱和关心，并在多年的学校生活中把我们当家长、当朋友。当然，一切的出发点都是我们从心底迸发出的对学生的爱！很多时候，我们对学生的教育不免沿用传统的教育方式，但随着社会进步，要求我们不光在管理上要注意学生的变化，更要在行动上给学生以榜样力量。"润物无声"的教育，就是要在不知不觉中和教师的身体力行中教育学生，让学生在潜移默化中和日常观察中受到老师以身作则的熏陶，从而达到教育目的。

其次，班主任的作用不可替代。班主任是班集体的组织者和领导者，是在教育活动中行使管理和育人职责的。班主任首先要用自己的学识、人品、工作态度、教学方法等去影响和感染学生，树立威信，充分发挥班主任的影响力。其次，班主任要通过组织各种班级活动，在活动中加强师生沟通，增进学生友谊，形成良好集体的精神氛围。再次，班主任还要引导学生主动参与班级管理，培养学生的参与意识和独立工作能力。最后，作为一名专业老师，我大多数时间都会参与学生的专业学习，这为做好班主任工作提供了极大便利。我不光在专业课堂上以身作则，亲力亲为，常做示范，更在生活中用实际行动感染学生。"润物无声"的教育，就是要在教育他们的同时让他们懂得并不是所有好事都要嘴上说出来，最重要的是要用实际行动做出来。

最后，教师不光要教书，更重要的是在教学过程中育人。习近平总书记提出"做四有好教师"，这是对我们教师的一种鼓励和鞭策。好老师要有理想信念，好老师要有高尚的道德情操。教师要以身作则，为学生明辨是非、曲直、善恶、义利、得失做出表率。好老师要有扎实学识。教师不能只满足于"一桶水和一碗水"的知识传授关系，还要培养学生的创新意识和创新能力。良好的教学关系有利于培养学生的创新意识，有利于开发他们的创新潜力。好老师要有仁爱之心。教育的原点就是爱，教师肩负立德树人的任务，有爱才有责任，爱教育、爱学生是每一个教师应尽的义务。作为一名新时代的老师、新时代的班主任，我们更要刻苦钻研，潜心学习，要以培养爱国，爱校，爱家的民族栋梁努力奋斗。

用一句话与天底下的教师同行共勉：如果你觉得岁月静好，那一定是有人为你负重前行！

冰心育桃李 润物细无声

贺 雷

作为一名班主任，我觉得和学生在一起的每分每秒，自己也在不断成长。我希望在他们的世界里扮演的是大哥哥的角色，领着一群弟弟妹妹们共同奋斗。而在我的世界里，他们的未来就是我的责任。我无时无刻不以此鞭策自己。于是，我们一起奔向各自更美好的未来，做最好的自己。

一、以"德"为领，培育专业人格

选择当老师就选择了责任，就要尽到教书育人、立德树人的责任，并把这种责任落实到平凡、普通、细微的教学管理中。在我读书的那些年里，老师们的待人接物、为人师表至今仍历历在目。从成为教师的第一天起，我立志要像他们一样，遵从"德高为师，身正为范"，把我的学生培养成对祖国对社会有用的人。

在课堂上，我时常告诉学生，中国人要懂得爱党爱国，要从现在起努力学习和修炼自己，为成为一名能在世界舞台上占一席之地的中国大师而努力。这些话对刚入学的孩子们来说或许虚无缥缈，却可以在他们心中埋下一颗自尊自爱、进取向上的种子，成为良好人格培育的催化剂。这是我的教育信条。我经常组织学生观看芭蕾视频，认真备课和讲解各种流派特点，告诉他们芭蕾不是一成不变的东西，它源自西方，却属于世界，它的进化更要依靠每一位学生。这样的教育旨在燃起学生对未来专业发展的美好期许，同时坚定他们自立自强的人生信念。

二、以"情"为器，感化学生心灵

班主任与任课教师的不同，在于与学生日夜相伴。离开家的孩子们失去了父母庇护，班主任成了他们唯一的依靠。班级管理于是被解构为"观察""沟通""理解""同理"等与情感相关的"概念"。

我从培养班干部入手，挑选负责任的学生帮助完成日常的班级管理工作，并通过他们及时了解学生动态，特别是学生的心理变化。青春期学生的心理起伏变化大，特别需要成年人给予关怀和引导。作为过来人，当学生积极努力尝试新事物时，我就及时给予肯定，当他们沮丧时，我就给他们讲述自己的经历，宽慰他们涉世未深的心灵。长年从事枯燥的舞蹈训练，使大部分学生不时会产生畏难情绪。我会有针对性地对他们进行引导，从兴趣爱好出发，从长远发展考虑，着眼于学生自身能力的培养。经过一段时间的努力，班上孩子们基本都能够情绪稳定地进行专业练习，能够主动对社会上的一些诱惑进行价值判断。有些同学还会主动找我谈心，希望听取我的意见。这些都是他们自身能力提高、思想成熟的体现，是他们走向未来的良好开端。班里有责任心的一些小干部也着实为我分忧不少，让我从心底里感到安慰。

然而，再好的班集体也不乏"困难户"。我坚持不给这些学生"贴标签"，不让他们产生孤立感，而是加强与家长沟通，时常组织家长观课，让家长零距离看到孩子每一阶段的表现，并有针对性地给予表扬，以促进亲子间良好关系的形成，进而争取得到家长的配合。

三、以"艺"为基，助人专业成长

对芭蕾科学生而言，艺术能力的修炼与良好的行为习惯息息相关，包括作息习惯、热身习惯、饮食习惯，甚至言语表达和仪容仪表习惯等都有一定的规范和要求。我从日常习惯开始培养孩子们良好正确的从艺态度。比如进教室先脱鞋，这看似简单的事情，有些孩子就是不理解、做不到，有些老师甚至也偶尔犯规。于是，我要求自己首先做到，有人做不到也不当众训斥，而是私下沟通。渐渐地，我班学生做的就是比别班到位。比如，提前热身，为练习做准备。我首先做到节节课提前半小时进教室，注视每一位学生。由于热身充分，我班学生基本没有因活动不充分而受伤的。诸如此类的小事，帮助学生逐步走向自律，走向自我管理。当他们能够控制自己的细节行为时，他们的艺术成长也就走上了正轨。

相处的日日夜夜里，孩子们在不经意间长高了，懂事了，成熟起来了。我心中充满感慨的同时，总觉得他们还可以更好，为他们仍会犯一些不知说过多少遍的错误而感到煎熬。当意识到自己有这种想法时，我就想到自己年少的时候。对学生来讲，他们的"艺"更着重于专业水平；于我而言，为师之"艺"则更多在于磨炼耐心。对孩子们的期许固然不可少，但"授人以鱼，不如授人以渔"。我的工作着眼点应该放在传授学习方法和如何做人上，更多的进步空间则可以留给他们自己。我应当戒骄戒躁，让自己变得更加包容和有眼界，才能成为他们成长道路上的引路人。我开始慢慢调整自己，开始更加注意鼓励学生发展特长，在培养他们芭蕾专业能力的同时，给予他们其他方面的发展空间。京剧、影视，所有的机会我都鼓励他们大胆接触、尝试，同时敦促他们学好文化课，包括语文、英语等课程知识对他们的未来同样重要，甚至更有可能成为他们未来的生存之道。

以德育人，以情化人、以艺助人。在未来和更多学生共同成长的岁月里，我将坚守育人为本的信念，在教授学生技艺的同时，帮助孩子们提高思想水平、道德品质和文化素养，引导学生踏踏实实习艺习德，成为有大爱大德大情怀的栋梁之材。"冰心育桃李，润物细无声"将成为我未来班主任工作一直追求的理想境界。

做"无用"的事 成"有用"的我

马 军

2019年对于我和学生们来说是极具纪念意义的一年。中国舞2019级的38位同学走进了"舞蹈家摇篮",正式成为了北京舞蹈学院附中中国舞大家庭的一分子。2019年,我们有缘成为师生。作为中国舞2019级的班主任,我有幸成为孩子们走进北舞附中最先见到的老师,也亲眼见证了他们跨出舞蹈梦想征途的第一步。回顾过往,我有太多感受涌上心头,也有太多思考希望分享。

一、力求文舞兼融

过去的一个学期,丰富多彩的课程让学生充分享受到知识带来的乐趣;源源不断的观摩学习机会一直滋养着他们的人文情怀,陶冶着艺术情操,帮助他们更深层次地探索舞蹈艺术的奥秘。学生们在舞蹈剧场集体观看了音乐剧《英特茶社》以及国家京剧院的《京剧行当艺术经典剧目展演活动》,参加了"采访技巧和演员的自我修养"讲座;赴天桥剧场观看了舞蹈家王亚彬的舞剧《世界》;在沙龙舞台集体观摩了第十二届中国舞"小荷杯"舞蹈比赛,观看了《听,我们的声音》音乐赏析会以及中国舞主题班会——"梨园戏赏析"。

过去的一个学期,学生们自强自立,互相照顾,入校不久就很快地适应了附中高强度、快节奏的生活。在专业学习上,他们吃苦耐劳,认真训练,进步明显,已经初步体现出了北京舞蹈学院附中作为全国中等职业舞蹈教育最高学府的艺术品质。在2019年底《薪火相传·师生同台》专场晚会的演出中,刚入校的他们在开场《晨曦》、尾声《薪火相传》两个板块中用出色的表演献上了对母校65岁生日最真挚的祝福。除此之外,岑鑫鹏同学还参加了学院原创舞蹈诗《那些故事》的演出；张雅乔、刘畅、雷博为、李林嘉诚四位同学随北京舞蹈学院青年舞团参演大型民族舞剧《井冈·井冈》，在湖南参加了四场高雅艺术进校园系列演出；张芷郡同学参加由舞蹈家刘岩发起的"天使的微笑"儿童公益摄影展活动，圆满出色地完成了表演任务。我欣喜地看到，他们在老师们的谆谆教诲下能文能舞，为附中六年的学习生涯开了一个好头！

二、力求德艺双馨

过去的一个学期，学生们在学习、生活中严格遵守学校的各项规章制度。经过全体同学的共同努力，中国舞 2019 级包揽了九月、十月、十一月、十二月的全校"星耀附中班级"荣誉称号，班级评比成绩始终位列前茅。除此之外，中国舞 2019 级全体同学还顺利地通过了体质健康监控测试的全部考核项目。看到这么优秀的他们，作为班主任，我真的十分骄傲、自豪！

过去的一个学期，他们在学校开展的各项活动中体验合作与挑战的魅力和快乐，不断突破自我，创造奇迹。他们第一次参加校级比赛，就在《巍巍中华情·拳拳赤子心》全校演讲比赛中以全场最高分夺冠；在中国舞教学科组织的"首届舞蹈常识大赛"中，他们发挥出色，勇夺冠军；他们还积极参加北京舞蹈学院附中"不忘初心、牢记使命"主题教育特色活动——"含响尽天籁，学子皆深情"校园歌手大赛，最终再次以全场最高分夺冠！"三连冠"的骄人战绩背后，是孩子们能够用纯洁的眼睛发现同学的优点，学会交流与合作、学会感恩和尊重；是他们能够用智慧的大脑思考，学会求知和创造；是他们在每一天都争当会学习、懂生活、敢负责、能担当的优秀少年，让品德成人、做事成功、学习成才成就最好的自己。

三、力求不负青春

能和贺梦娇老师一同陪伴孩子们一次又一次在校级比赛中夺冠，固然是一件令人兴奋和激动的事，但更让我享受和怀念的却是我们一起在备赛中经历的点点滴滴。虽然诸多不易，却欢乐又温暖。

这是一个实用主义横行的时代，人们选择是否投入精力去做一件事，通常都会用"有用"还是"无用"来进行评估。我深知"演讲比赛""知识竞赛""歌手大赛"无论取得再好的成绩，都不可能给孩子们的任何考试加分，再加之临近期末，学校的各项工作任务繁重，我完全可以把这类活动默默地归为"无用"，让学生们自娱自乐一下即可。对孩子们来说，专业发展、拥有更美好的锦绣前程，才是孩子们、家长们的梦想，也是我努力工作的目标。然而，我们的人生应当远远不止于此，应该有更多的惊喜、更高的修养、更深层次的快乐，应该还有一些"无用"的事情值得去做，比如：阅读、写诗、一起放声歌唱。如果事事都追求"有用"，或许我们会失去更多的快乐。有些风花雪月、儿女情长，看起来"无用"，却是我们人生最温暖的陪伴。正如我每逢和自己过往带过的四届学生重逢相聚，最让我们回味无穷、刻骨铭心的往往也正是这些"无用"的瞬间：我永远不会忘记自己带中国舞02A班毕业时在教研会上哭诉自己"失恋了"；带着中国舞05B班到颐园居小区为汶川地震灾区搞一场赈灾义演；带着中国舞09A班在附中天井弹着吉他敲着手鼓唱罗大佑的《童年》；在中国舞2013级的毕业晚会上和老师们一同唱起"长亭外，古道边……"给他们惊喜，为他们送行。也许到2039年的某一天，中国舞2019级二十年聚会时，我们可以推杯换盏，拍着胸脯自豪地说："想当年，咱们班就那么几个唱歌不跑调的人，照样拿下了全校歌手大赛的冠军！"想想都觉得挺过瘾的，不是吗？因此，我觉得这些都是"无用"之大用。我更希望学生们能够懂得欣赏这些"无用"之美，能够坦然面对人生中的起起伏伏，接纳无常与突变。只有这样，他们的人生才会变得更有韧性和定力。

梦想不断延伸，脚步依旧执着。"无用"的三连冠只是一个起点，我愿陪伴中国舞2019级的每一个孩子，在刻苦训练、努力学习之余，还能更多地去尝试一些"无用"的事情，活出"有用"的自己。让我们起舞行天下，不负锦绣年华！

木铎之心化春雨，授业之行润万物

刘 阳

《说文解字》云："铎，大铃也。"施令之时所用金铃木舌，谓之木铎，后从赞誉孔子演变为比喻教师。木铎之所以用来泛指"老师"，是因为二者皆有振聋发聩、启迪心智之意。古时，居庙堂而高者执木铎金声发布政令，牧人有方。为师者应有一颗木铎之心，把为人之道、为学之道传授给孩子们。为人之道实为育德，为学之道实为育才。2018年5月2日，习近平总书记在北京大学师生座谈会上曾讲道："人才培养一定是育人和育才统一的过程，而育人是本，人无德不立，育人的根本在于立德。"只有做到"教书育人"，而不是"教书+育人"，真正把教书和育人作为一个统一的、相辅相成的整体，离"遵道崇德、天地人和、文舞相融、德艺双馨"则"虽不中，亦不远矣"。

如何才能把做人与为学之道传授给孩子们呢？

首先，我认为每一个学生都蕴藏着无穷潜力，以往的班主任工作都把学生看成被塑造的对象、被动接受教育的客体，忽视了学生的主体地位。新时代班主任工作应积极发挥学生潜能，激发学生自觉自愿地参与班级工作。在我看来，学校的每一门课都具有育人育德的功能，每位老师都应当"守好一段渠，种好责任田"。针对孩子们求知欲强、可塑性大、模仿性强的特点，结合孩子们的特点和兴趣开展各种活动，对每位孩子进行思想道德教育。例如，和学生们一起设计班服班徽，一同读书分享，一道开展文明礼仪活动，教导学生懂得感恩，在父亲节、母亲节时为远方的父母拍摄感恩视频。新时代的班主任还应该花心思培养学生们的自我管理能力，让每位孩子都成为班级的主人翁，培养他们自主创新、独立思考的能力。每次班集体活动都应是班主任和学生们一起集体讨论后的智慧结晶。只有这样，班级工作才能开展得井然有序。

其次，教师应该发挥"身先垂范"的榜样作用。习近平总书记曾讲到过"教师要做学生锤炼品格、学习知识、创新思维、奉献祖国的引路人""教师是人类灵魂的工程师，承担着神圣使命，传道者自己首先要明道、信道""要坚持教育者先受教育，努力成为先进的思想文化的传播者，党执政的坚定支持者""担当起学生健康成长指导者和引路人的责任"。习近平总书记对于我们教师的责任和任务的谆谆教诲时刻萦绕在我的耳旁。在我看来，"引路人"三个字显得尤为重要。教师要求学生具有爱国情怀，提高道德品质和文化素养，成为德才兼备、全面发展的人才。那么，教师也要用这个标准约束自己的一言一行，用实事求是、脚踏实地的方式，自身示范，取信学生，使学生在耳濡目染，潜移默化间受到精神感化。这种超越了知识的传授，是一种现实的榜样。同时，教师要在党的教育方针指引下，把做人做事的基本道理，把社会主义核心价值观的要求，把实现民族复兴的理想和责任，融入各类教学活动中，引导学生扣好人生的第一粒扣子。

最后，我除了担任班主任外，还是歌舞专业的声乐指导老师。我认为，认真对待每一堂课，因材施教，有计划地指导学生完成每学期的学习任务，这是一个专业老师的本职工作。同时我更认为，在授艺过程中更应该授德，把美育和德育融入平时的教学中，以《教育部关于切实加强新时代高等教育美育工作的意见》中提到的"坚持以美育人，以美化人，积极弘扬中华美育精神，引导学生自觉传承和弘扬中华民族优秀传统文化，全面提高学生的审美和人文素养，增强文化自信"为教学目标和要求。例如，在演唱萧友梅练声作品《问》时，我主动引导孩子体会作者所描绘的20世纪初军阀混战、国家动荡不安的景象，以及作者对国家的一颗拳拳之心、忧国忧民之情。演出《红梅赞》时，我会引导孩子领会共产党人奋力抗争、追求光明的革命精神。学生们从沙龙舞台的实习实训到歌舞科20周年演出，走出校门参加两届声乐技能大赛并夺得金奖，都展示出歌舞人的风采。通过每次的艺术实践，学生们逐步认识到艺术道路要想走得平坦宽阔必须要做到"文舞相融、德艺双馨"。

作为班主任，育人是工作的重中之重。我感受作为一名班主任的幸福、责任与骄傲。我会把自己的一言一行、一举一动化作春雨，悄无声息地滋润孩子们，教会他们为人为学之道，"立德树人，润物无声，盐溶于水，化之无形"。作为一名老师，我愿意倾囊相授，愿做雏鹰飞翔的翅膀，助孩子们飞得更高更远，让孩子们真正认识到"遵道崇德、天地人和、文舞相融、德艺双馨"的重要性！

中职班主任"三全育人"的点滴体会

马文涛

"三全育人"是党和国家对新时代做好高校思想政治工作提出的新要求。所谓"三全育人",是指全员育人、全程育人、全方位育人。作为附中歌舞专业的班主任,我深知育人责任重大。望着班里32个含苞待放的花骨朵,我时常为他们在这如花的年纪能走进"舞蹈家的摇篮",为实现自己的舞蹈梦而奋斗感到高兴。我是一名歌舞专业的老师,看着这些孩子在课堂上、在舞台上欢畅跳跃的时候,我感到自豪与骄傲,仿佛看到了舞蹈艺术蓬勃发展的明天。

古人说"授人以鱼,不如授人以渔"。相比传授知识和技能而言,方法更重要。在德育课堂上,教师可以多用幽默的语言、生动的例子吸引学生,用简洁的语言化繁为简,引导学生学会如何分析问题、解决问题。教师还可以引入生活情境,让学生在情境中思考、对比和提升,自己找到解决问题的方法来应对复杂的社会问题。同时,德育课教师要不断提高自身修养,增加知识储备,在课堂上举一反三。教师的人格魅力也是建构有魅力的德育课的重要元素,学生比较喜欢幽默、有趣、机智、大气的老师。教师要有说话的艺术,学会调动课堂气氛,让学生在轻松的氛围中快乐学习,师生互动,教学相长,从而不断提高思想认识水平,培育和践行社会主义核心价值观。

在班主任工作中,我以为,首先要做到"为人师表,率先垂范"。班主任和德育辅导员对创设良好班集体,全面提高学生素质,都具有举足轻重的作用。教师要规范学生的行为,首先就要规范自己的行为;要提高学生的素质,首先就要提高自身的素质;要求学生讲文明礼貌,首先就要尊重每一位学生的人格;要求学生热爱班级,首先就要像爱护眼睛一样珍惜集体荣誉。其次,班主任要重视与家长建立良好联系,双向用力,教育好孩子。孩子的进步、集体的成长，离不开班主任、辅导员，也离不开家长。为了更好地全面了解学生情况，我通过家访等形式与家长建立联系，通过直接交流更能了解学生，引导家长配合班主任做好学生思想工作。家长会上，我根据教育教学计划，向家长提出一定的要求，并介绍一些教育孩子的方法、经验，不厌其烦地向家长介绍学生的在校表现，争取构建家校共育的良好局面，达到育人的最佳效果。最后，班主任要做好思想品德教育，首先就要关心爱护学生。班主任要教育学生热爱祖国，树立为中华振兴而奋发向上的思想；增强集体观念，培养高尚的情操，形成一个遵守纪律、团结向上、朝气蓬勃的班集体。班主任工作一定要有的放矢，按照德育的方法和原则，动之以情，晓之以理，导之以行，持之以恒。

"三全育人"理念的提出，旨在摈弃之前的学校教育中的"唯分数论"，带给我许多心灵触动和工作灵感，让我对未来工作有了很多新的设想。班级德育既要"攘外"又要"安内"。所谓"攘外"，就是要解决学生们的各种问题，不论是学习上的，还是生活、思想上的问题，我们都要帮助解决。在和学生的相处中，我要充分了解每位学生的需求，了解他们的兴趣爱好。所谓"安内"，是指教师需要不断发展、完善自己，深入了解孩子们的专业兴趣，深入了解孩子们的喜怒哀乐，真正做到因材施教。因此，我应该关注孩子们的成长，也应该关注自己的专业成长，不断地丰富自己，为学生做好表率。

"三全育人"的理念点亮了我对教育事业的热情。我热爱这份伟大的事业，因为这份伟大的事业值得热爱。

匆匆十年　润物无声

姜梦佳

这是怎样的十年呢？当我这样问自己，却一时找不到答案。从这里出发，回到这里。这十年，我似乎画了一个圆，又似乎是在不断螺旋上升。

那一天，同样的地方，同样的景致，而我却从一名学生成了老师中的一员。时间过得真快，从一名学生到回归母校，踏上教师岗位，担任班主任，已匆匆十载。

十年间，我有幸见证了他们的青春、他们的成长、他们的绽放。这十年，是快乐的十年，是幸福的十年，是温暖的十年，更是润物无声的十年。如果要给我这十年一个角色定位的话，多数时候我是学生的"筑梦人"，是班级的"万能钥匙"，超能而又伟大；但有时我又只想当他们的"唠叨妈妈"或是"知心大姐"，亲切如家人。当然，在众多学生中我还有其他的美名。例如，我带的第一个班年龄与我相近，他们喜欢叫我"佳姐"；在香山分校封闭式管理下，一群小可爱喜欢称我"母后"；现在的学生最真实大胆，直呼"姜妈"。回味起来，十个春秋忙碌又有趣，就在众多的角色互换间开始了我和学生们的故事。

一、初出茅庐

我第一次当班主任，心里确实没有底，说实话，有些忐忑。班主任搭档带着我进班介绍时，学生们都已打听到我的年龄。于是气氛很放松，因为我只比班里最大的学生年长两岁，所以他们更像多了一位朋友。而我这样介绍自己，就算我很年轻，一样可以成为你们坚强的后盾。那时，我遇见的是最高年级的他们，很快就要面临毕业，他们心里也一样打鼓，充满未知。学校安排让我辅助我的搭档，多学习，多积累经验，帮助学生们顺利毕业。

我开始了解班级，了解每一个学生，了解每一个家庭，甚至了解他们的过去。我想首先应该创造和谐的师生氛围，贴近学生的内心，了解他们的困惑所在，才能便于施教，真正和学生有情感共鸣。当然，面对一群已经快毕业的孩子这并不会那么简单。他们正处在青春期，喜欢抬杠，唱反调，我必须要耐下心来，不再说教，体现我的真诚，细心地去触动学生。大概有一个月时间，这群学生开始卸下包袱，愿意侃侃而谈，说抱负、谈梦想。

因为自己学生时代一直是班干部，所以班级管理熟门熟路。我首先固定了班干部会议时间，明确了分工。抓住了关键的一部分，就抓住了整个班级。班级干部确实很给力，我们经常能通过讨论碰出很多火花，更新班级管理制度，大胆试行。因为这些变化，整个班级更有生命力了。学生不再是不关注、不上心，因为我把大家的心聚在了一起。

二、爱在细腻处

记得班里有一名女生突发肠胃炎，连走路都困难。我叫车陪她去看病，她在车上弱弱地问："老师，您现在没课吗？"她都直不起腰了，心里还怕耽误我上专业课。化验完，打点滴时我问她以前疼过吗？她答道："偶尔也疼，能坚持上课。"我说："也好，这次让你重视，更加了解自己，爱惜自己。"我又问她和舞伴考学的方向和目标，她都很自然地表露了想法。最后，我问她现在还有力气和舞伴吵架吗？还强势地要舞伴服软吗？她笑了，说那也不是自己本意，考学太着急，太冲动。她开始念叨舞伴的好脾气，反思自己的过激行为。我并没有打断她。我认为这也是一种自我教育，而且很走心。然后，我告诉她和舞伴的一些专业优势，包括已有的风格和标签，引导她思考应该怎样更全面发展。虽然主要目的是看病，但见缝插针，平和的交流让学生受到更多的启发，有了更多的反思，也让我觉得可以和学生一起战胜困难，感到十分欣慰。在他人看来是琐碎，但我认为教育就是这样无时无刻、无处不在。对于每一个班主任而言，方法可以多样，但用爱去教育和感化学生才是情感最本质的体现，才更能让学生"由心"接受。

这一届学生拿到毕业照时都会玩笑着问我："您在哪里？"可能因为我站

在里面和他们一样青春、快乐，也像个毕业生吧！

三、学舞先学做人

再接新班，特别是能从头开始带一个班，我内心特别兴奋。我除了满腔爱心和关怀，还有许多想尝试的教育设想。对于这一届学生，我植入最深刻的就是"学舞先学做人"的思想，这也是班级文化建设的灵魂。同学们毕业多年后再相聚，这句话仍常被提起，彼此互勉。

这一次，我做足了准备工作。开个好头轻松一半，我很希望能和学生们一起先苦后甜。从班风树立到日常管理，从班级建设到家校联合，我带领我的班做了很多探索。有不同形式、丰富多彩的主题班会，有校内校外寓教于乐的班级活动，还有文化科目的知识竞赛、节日狂欢。活动场景历历在目，师生一起收获成果和回忆，这其中当然也离不开工作搭档给予的配合和帮助。带班过程中不能说没有一点问题，但班级发展和学生的进步成长总的还是较为稳定的，而且班级里正能量十足，班干部们踏实肯干，以身作则。很多老师对我们班的评价都是乖，从不捣乱，省心。回想起来，跟现在的班相比确实好管许多，轻松许多。

陪伴六年，最令我难忘的是一次次与学生的单独谈心，有的是在香山校区的教师集体宿舍，有的是在尚丽校区的文化课教室，还有的是在专业教室或我的车里。可能因为这个班是我从头带起，中间从未换过班主任，学生们都说什么事都没法逃过我的法眼，也觉得和我没有不能说的秘密。其实，我也一直想给学生足够的空间，只是他们的秘密太容易被察觉。这或许得益于我从未停止过进修和学习。为了完善班主任工作，我看了很多关于不同年龄段的心理书籍，摘抄借鉴了许多资深班主任的管理技巧，参考学校调查发现的班级普遍问题。我就是这样不断审视自己，积攒蓄势待发的教育能量。每当听到学生说"老师，未来我想像您一样"或是"我想成为一名和您一样的教师"之类的话，我的满足感和存在感就会爆棚。我喜欢这种认同，我会继续用我的人格感染他们，用我的温暖包围他们。我享受这一届学生留给我的精神甘甜，鼓励自己继续武装，不断成长。

四、新的境界

带一个新班和初为人母是正在进行时。我的感受和大多数班主任一样，一届更比一届难管，加上现在教师职业备受社会关注，把握好教育尺度和分寸成为关键。我也在反思中适应着，适应心态，适应精力，适应不同年代的学生。这一届学生都是 00 后。他们一进校，无论情商和独立能力都有所提高。当然差异也是有的。比如有的内务整理十分利索，而有的就从没干过家务是张白纸；有的小嘴特甜，善于交际，还有的张不开口，腼腆害羞。

虽然学生更新换代，但总能找到国标舞专业的一些共性。比如，班主任一定要预判到一些学生的舞伴问题，个性强烈的要关注，不爱表露的更要重视。还有与家长和谐相处的问题。当自己荣升为母亲后，更理解对自家孩子的爱护和过分爱护。虽然出发点都是好的，不能评判对错，但怎样能更好呢？我带班的改变就在于，以前会尽力理解学生，现在会兼顾理解家长。对这个班最难管的一名学生，我曾发过一条十分感性的信息："今天下班回家时，看到你父亲拎了一堆生活用品，缓缓走进校园。细看，苍老了，消瘦了，腿脚也不是那么利索了。希望你懂事，珍惜并且弥补之前犯过的错。"相信往后学生真正能体会时，一定会理解我发这条信息的用意。我了解我的学生们，他们和我一样感性，善良。

还有一些共性，就是寄宿制产生的问题。比如衣食起居的磨合、依赖老师疏远家长的问题……这些都需要班主任从中搭建桥梁，沟通调节。面对关系冲突，我不能片面简单地去说服学生，要妥善地分析冲突的原因，尝试各种策略和沟通技巧去化解。这的确需要班主任能剖析学生的心理和性格，找到适宜妥善的解决方法。反正，班主任一定要能与时俱进，因材施教，要不怎么能称为"主任"呢！

不知不觉这一届也快毕业了，回想学生们犯过的错，我多了一份母亲的包容感，可面对家长，我还必须站好"严母"这一班岗。

从国标舞职业选手退役后，学校便成为我施展才能的舞台，班级教室成了我的操练厅。回眸过去，和学生们一起走过的十年，是我最青春的十年。

这份宝贵的回忆里有我与他们奋斗和成长的身影,更有来之不易的收获和美丽绽放。

人生很短暂,没有几个十年。过去的十年镌刻着许多动人的故事、真挚的情感,不朽的价值。我要对过去的十年说声谢谢。

人生也很漫长,每一个十年都有不一样的心境。我要用为人师、为人母的心情去谱写舞蹈艺术教育的新篇章,无愧于人民教师、中共党员这个光荣身份。

期待下一个十年。

从点滴进入　从身边做起

邹友俊

作为一名新晋班主任，花滑 2019 级是我工作后带的第一个班级。这个班的同学年龄都偏小，又是一个新兴专业，如何帮助和引导孩子们养成端正的学习态度和良好的生活习惯、快速适应校园生活，是班主任的首要任务。无论是做学生德育工作，还是处理生活问题，我始终贯彻从点滴进入、从身边做起这个理念，让学生们从身边小事做起，一点点改变，一步步养成。

一、强化师德建设，规范从教行为

做一名有道德的老师，不仅需要爱、耐心和责任感，还需要严格规范自身的教学行为，做到语言优美、行为优雅、内心美丽。中职学生对周围的人有很强的模仿力、可塑性，但是非判断能力很弱。因此，教师要注意言传身教，以身作则，为学生创造和谐安全的环境，以自己的行动感染学生，影响并逐步帮助他们形成积极的人生观和世界观。同时，教师必须具有很高的道德品格，关注自身在各个方面的道德表现，关心和爱护学生，在学生面前保持乐观开放的心态，表现出积极的精神状态。对教师而言，最重要的是要成为模范，让学生感受到榜样的力量。教师的榜样力量将直接影响学生，感染并教育学生。

二、增强纪律观念，创建优良班风

学生教育离不开严格的纪律约束，尤其是在学生年龄较小，还不具备良好的是非辨别能力和自我约束能力的时候。当他们刚入校时，班主任就要制订严密的管理制度，严格要求学生，增强教育力度，提高学生的思想认识，规范学生的日常行为，抓好班级制度建设，强化各项规章制度，针对学生的过错行为，按照不同程度进行教育。对于学生的问题，班主任要及时教育，及时沟通，把在"幼苗期"的坏习惯及时"摁"住，让孩子们引起重视；对那些在各项学习中都有问题的孩子，要及时找他们谈心，不留余地地要求他们改掉，不能出现任何不良的苗头。对孩子们出现的问题时，要做到一视同仁，不偏不倚，使学生增强纪律观念，为创建优良班风提供基本保障。

三、增强集体荣誉，创建有爱班级

刚开学的一段时间里，孩子们在教室和寝室的打扫方面还一直存在问题。在第一个月的"星耀附中"活动中排名第14名。作为班主任，我对这个成绩非常不满意。之后，我和学生在卫生打扫方面下了大功夫。卫生打扫不好，我就陪着他们打扫，从点滴教起，告诉他们如何打扫，怎样才算合格。我希望通过卫生评比让孩子们体会到集体荣誉感，培养他们的集体凝聚力，让孩子们渐渐明白：集体是由你、由我、由他组成的。作为花滑2019级的一员，要互相团结，互相进取，互相关心，形成一个有爱的集体。

在班级建设中，我注意培养有管理能力的小干部，发挥"小干部"的大作用。2019级花滑班目前只有9名同学，所以让每个孩子都担任了不同的职务，一是为了公正、平等对待每一个孩子，二是要培养孩子们的领导能力，让每个孩子在不同方面都能大放异彩。班干部们各司其职，在严格要求自己的同时管理好其他同学。

四、加强家校合作，提升共育效果

首先，创建良好的班级文化，实现环境育人。例如：让班级扎板、走廊扎板等宣传阵地发挥作用，坚持做到正确舆论引导人、优秀作品鼓舞人、典型事例激励人；充分利用班会时间，组织形式多样、生动活泼、贴近学生生活的、针对性强的主题班会或实践活动；引导学生们认识和了解学校的办学理念、校训、校徽、校风、学风，培养他们的自豪感和自信心，形成强大的文化凝聚力和感召力。

其次，积极主动与任课教师和教练老师取得联系，与家长进行沟通，协调各方面的教育力量，了解学生的文化课学习、专业课学习以及冰上学习情况，配合任课老师对学生进行学习教育，激发学生的学习兴趣，锻炼培养刻苦的学习意志，教会学生各种学习方法，学好各门各类课程。

最后，虽然学生大部分时间都在学校度过，但家庭的道德教育环境对孩子的成长非常重要。如果学校和家庭教育不协调甚至对立，那么孩子可能会感到困惑而无法建立健全稳定的道德标准。因此，在日常德育工作中，既要加强学校与家庭的联系，又要请有经验的父母传经送宝。班主任可以通过家庭联系手册、微信互动平台、电话沟通等方式，加强与家长的信息沟通，实现德育同步，增强德育效果。

作为一名新晋班主任，我同样需要成长，需要不断提升工作能力，不断完善自己。班主任工作需要有一颗爱心、一分耐心和一颗持之以恒的心，始终保持对教育事业的敬畏之心。与孩子心心相印，班主任才能成为孩子成长中的"贵人"。

从爱出发 温暖心灵

罗 阳

班主任工作不仅是传道、授业、解惑，更要用自己的言行影响每一个学生，把学生当作自己的孩子呵护，从"爱"出发，温暖每一名学生的心灵。新时代，班主任需要针对新特点，转变德育工作方式，做好学生的心理辅导、人格塑造、问题排解等工作。班主任可以通过多元化交流、平等交流走进学生的内心世界，倾听学生的想法与见解，为学生树立道德榜样，采用民主管理等手段，将学生德育工作落到实处，使其真正成为提升教学品质、促进学生全面发展的有力手段。

一、倾听学生声音，给予正确引导

即将步入高中，随着专业课与文化课难度的增加，许多学生开始在思想上出现较大的变化。特别是很多学生正值"叛逆"期，常常会认为自己已经长大，不再需要一些条条框框的约束，因而在思想上有了很多不成熟的想法。青春期学生具有思想复杂、偏激、情绪不稳定、多变的特点。班主任要及时发现学生的问题，如学习中的恐惧与不安、人际关系的冷淡与猜忌、生活或学习中的积极性下降等。这些问题一方面困扰学生的健康成长，另一方面也给班主任工作带来挑战。这就需要我们走进学生内心，发现问题症结，对症下药。平时，我会经常同学生谈心、积极与家长沟通，及时解决发现的问题。班中的某同学对集体很关心，在生活中也经常帮助同学，就是上课爱说话，学习成绩也一直在末尾徘徊。通过与他的几次单独谈心，他慢慢开始吐露自己真实的想法和感受，问题的症结在于孩子缺乏存在感，课上说话只想引起老师的关注，也能得到家长的关注。我在肯定他的优点的同时，也与他一起制订了从每天到每周的学习目标。在接下来的日子里，我每天都会检查差评系统里是否有他的记录,并且积极与任课教师了解该名学生的情况,同时我在自己的课上不断帮助他建立自信,给他机会在同学面前多多展示,帮助他积累学习获得的成就感。我还与家长沟通,希望他们尽可能多关心孩子,增加与他的通话次数,有机会时多来看望他,进课堂观察他的上课情况。通过一学期的努力,他的学习态度有了很大转变,上课说话情况得到明显改善,注意力也集中了很多,学习非常积极,各科成绩都有了很大进步。

二、从"爱"出发,做好日常管理

朱永新说过:"正是有了爱心才能有耐心,才能满腔热忱地和孩子一起享受生活和生命的欢乐,才能无怨无悔全身心地投入到孩子们的世界中去,才能夜以继日地潜心研究孩子们的喜怒哀乐,也才能做到用生命呵护孩子,把整个心灵献给孩子。"班级日常管理在于"细",要按照"抓小事、促养成、重现实、贵长远"的指导思想和原则,狠抓细节教育,强化习惯养成。班主任必须善于组织和管理学生,特别要注重感情投入。附中是寄宿制学校,即使有很多学生的家长在北京陪读,但还有不少学生远离家乡,远离父母,需要班主任用爱心填补他们的感情真空,逐步加深师生感情,为班主任树立"严父"形象打下重要的感情基础。

班级管理无小事。凡是关系到班级常规方面的问题,我都会严格要求。我们班深入贯彻执行学科差评系统管理办法。我对学生们提出了更严格的学习要求,目的就是希望在低班时帮助学生养成良好的学习习惯与纪律,为高班学习打下坚实基础。每个月后,我都要对有不遵守课堂纪律、上课睡觉、偷吃零食、喝饮料、使用电子产品等行为的同学进行"换位思考"教育。我还会在每周班会课上仔细询问学生一周作业完成情况,让学生在反省中受教育,约束自己,培养良好的行为习惯。

平时,我会利用好每周班会课时间开展有意义的主题班会,带学生了解时事政治、观看有教育意义的视频,开拓学生视野,丰富学生的课余生活,提高班级凝聚力,引导学生正确调整情绪,及时调整心态,积极投身班级、学科和学校的各种活动。新学期刚开始时,班级中出现了部分学生违纪现象。我及时发现不良苗头，及时纠正，让学生写出说明，给学生一个改过自省的机会，同时开展"我为17做贡献"的大讨论，增强了班级凝聚力。

三、强健班干队伍，培养管理助手

班主任是班级的组织者，要圆满完成班级的各项任务，必须领导学生、信任学生，调动全体学生的积极性，让他们参与班级事务的管理，充分发挥班干部的主动性，带头管理好班集体，真正成为班主任的得力助手。我班的班干部队伍中大部分同学还兼任学生会和班团支部的工作。我与班干部们一起定期召开班委会，就班级出现的集中问题进行讨论和解决，增强班干部的责任意识，提高他们的工作能力。每年，我还会举行班委竞选活动，本着公平公正的原则，给每一名同学提供表现自己的机会，让学生都能感受到身为班内一分子的责任和骄傲。此外，我很重视班干部的心理健康，认真疏导班干部的心理障碍、减少心理负担，保证学习成绩优异的同时顺利开展班级管理工作，为维护班级稳定和创造良好的班风学风打下坚实基础。

班主任的工作琐碎繁杂，正是这些平凡而忙碌的日子构成了班主任的日常生活，就像一个五味瓶：酸甜苦辣咸，五味俱全。作为一名平凡的班主任，我会在工作中不断进步，努力帮助孩子们开启不平凡的心灵！

用心建设班集体

段 慧

我曾是一名师范生，曾经以为专业对口，工作起来肯定如鱼得水。但随着教学工作及班主任工作的展开，曾经的感觉似乎变成了错觉，比起职业带来的新鲜感和挑战性，我感到更多的是无措、担忧还有缺乏经验的不自信，以至于我常常问自己：如何才能当好一名教师，做好一名班主任？入职培训时，我听领导说："班主任工作是一项做小事成大事的事业，从小引导，从小教育，立德树人，培养孩子人品道德健康成长，让孩子在爱和感恩中良性健康发展，教育要像盐融入到食物中一样，润物细无声，教育要讲方法，要讲艺术。"这让我深受启发，默默下定决心，要好好开展我的班主任育人工作。

一、用心凝聚班集体

班主任的工作态度决定一个班级的整体面貌。作为班主任，一定要做好班级的带头人，处处事事要以身作则。从新生开学报到时的初识，到后来日常查课、上课、查寝，我每天都像一个"小陀螺"一样不停地围着学生转，不知不觉没有了上下班准确的时间概念。

当开始面对许多突发的"第一次"，在琐碎、忙碌、不知所措间，我明白了：班主任从来就不只是老师，更是班级的主心骨，是家校联系的纽带，是学生安全的一层保护伞。带班第一年，我花时间紧跟班，与班上学生逐渐熟悉，凡事亲力亲为。我累并踏实着，时间的付出是责任担当最明显的标志。

培养学生的集体荣誉感是班级建设的重要内容。有了集体荣誉感，学生就会热爱集体并发挥主动性和创造精神，表现出主人翁的责任感；就会不断进取，产生积极向上的强烈愿望，做到心往一处想、劲往一处使，形成一种合力，从而使班集体更具凝聚力和竞争力。记得第一次班会上，我跟学生们说：要成为优秀班级，我们每一个成员也必须是优秀的。我们要以优秀的标准要求自己，让优秀成为一种习惯。集体荣誉感也是一种约束力量。它能使学生因不能为集体争光或做了有损集体荣誉的事而产生内疚感，能使每个学生为维护集体的荣誉和利益而服从集体决定，克服自身的缺点。

学校要举办校园歌手大赛。这刚好是一个提高班级凝聚力的好机会。于是，我要求班级全员集体参加。同学们在繁忙的学习中积极筹备排练节目，我的搭档也牺牲了个人休息时间为孩子们把关彩排。班集体的每一位成员，包括家委会成员都为这次比赛贡献一份力量。大家有着共同的目标：为班级争光！作为入学后的首秀，孩子们尽全力互相磨合，表现得相当出色，荣获了二等奖的优异成绩，这是大家共同努力得来的荣誉！班级的集体凝聚力正悄然形成。

二、用心服务班集体

班主任要学会换位思考，善于观察，勤于行动。初一新生来自不同地方、不同学校，学习和行为习惯都参差不齐。所以，我第一个学期拟定的重点工作就是抓好学生行为习惯的养成教育。

首先，我要带领学生制定一份大家都认可的班级公约，让每一个学生都知道什么该做，什么不该做，怎样做才符合要求。我先给出几点建议，然后由班级全体成员共同制定班级公约。这个过程让我们彼此产生信任感、亲切感，凝心聚力共同把班级建设成温馨、和谐、幸福的大家庭，让人人心中都产生"爱班如家"的情感体验。

有几次课间休息时，我发现班级的图书柜经常被弄得很乱，而有一位男生会主动把书籍整理摆放好，于是我就让他暂任班级图书管理员，效果不错。考虑到班级座位每周轮换，给孩子们的值日造成很大困扰。于是，我结合学生特点，制定了一份比较详细的班级值日表，不仅明确各自分工，而且每组都有值日组长。教室卫生目前一直保持得很好。

班主任要想学生之所想，忧学生之所忧，甚至要把学生们可能遇到的问题和困难事先想到，并做出预案，做到心中有数。

三、用心引导班集体

鲁迅先生说过："教育是根植于爱的。"教育是师生之间在平等关系中以智启智、以心换心、以德养德、以美唤美的交流过程。教师如果愿意和孩子平等地交流，愿意俯下身来倾听他们的心里话，愿意把孩子的健康成长放在第一位，我们就有了做一个好老师的基本素养。其实，我们的每一个眼神、每一个动作、每一句言语、每一个表情都可以被孩子们精准地捕捉到。人心对人心是有感知能力的，真心对真心是会相互吸引的，他们能够感受到我们真诚的爱与关怀。

班级中纪律和学习都比较差的学生，通常表现为精力旺盛而又学不进去，思想活跃而又任性好动。在教育转化这部分学生时，我从建立和培养感情入手，亲近他、关心他、了解他。班里有一名男生，在和我交谈后告诉我做出某些出格行为的心理原因，我对他表示了理解和宽容，同时希望他能让老师看到一个全新的自己。后来，我无意间又听到许多男生对他有抱怨，于是，我在食堂特意把他们拉到一块儿吃午饭。我有意无意地说到，其实每个人既有缺点也有闪光点，要给他人改变的机会和时间，对人"不能一棍子打死"，要观后效。之后，我发现这个男生的学习生活状态好多了，而且也能和大家友好相处。尽管生活中他们可能还会犯错，但我相信，坚持就是胜利！只要我不放弃，他们一定会变得更好！

四、用心关爱班集体

苏霍姆林斯基曾说："教育，首先意味着相互往好处想，教师往好处想自己的学生，学生往好处想自己的教师，你们相互已不往好处想——这是最可怕的。"相互往好处想对方，这就是教育中的爱。老师喜欢学生，爱学生，只是因为他是我的学生；老师若能让学生在师爱中感受到温暖，他便能学会去爱同学、爱老师、爱家长、爱学习、爱学校、爱祖国。

班里有一位学生，各科学习都很吃力，成绩也不太理想。我向各科老师了解他课上存在的问题，以及应该从哪些方面提高改进，并一一做好了笔记。然后，我找他聊最近的学习生活，问他各科学习有什么困难。他说自己反应慢，老师已经讲下一个知识点了，可他还停留在上一个知识点，跟不上老师的节奏。我肯定他能坚持认真听讲，把各科老师对他的认可告诉他，得到老师的鼓励让他很开心。之后，我给他制定了一些补救措施，比如提前预习、课上勤记笔记、如果有某个知识点没听懂，就先记下来，课后及时请教等。他掌握了学习方法，在学习上有了较大的进步。从他身上我想到，让学生在关爱中成长，或许比硬逼他好好学习，效果来得更好。

　　教育，就是让生命影响生命。"为学为师，求实求新"，这是我母校的校训，我始终铭记于心。我想当一个好班主任，想和孩子们一起快乐而充实地走过共同拥有的时光，这是我的梦想！愿我的学生也能坚守梦想，大胆尝试。即使失败也是一种收获，因为只有自己经历过的才是最真实的人生、才是值得过的人生。

唯愿不做塾师

彭 蔚

康德在《论教育》中写道:"塾师与导师或者督学之间的差别在于,前者流于教导,后者则指引和点拨学生。前者培养只是为了学校,后者则是为了人生。"作为一名加入附中德育工作5年的班主任,陪伴一届学生在附中6年学习生涯的任务尚未完成,满心想的是唯愿不做塾师而已。

一、树立远大志向,端正人生态度

学习当然是学生的第一要务。但高考绝不是学生唯一的、最终的人生目标,而是实现自我,获得更高、更广平台不可或缺的重要一步。学生为实现这个目标所获得的面对挫折的勇气,生发的不达目的不罢休的韧劲,经历的想方设法让思想日益丰富的过程,才是最宝贵的精神财富。为此,我在每次班会上都要提醒孩子们不要忘记初心,同时,既表扬名列前茅的学生以树立榜样,又给学业落后的学生鼓劲加油。我用自己的人生体会告诉孩子们,每个人内心都应该有一只手,推着自己不断向前,自己对自己负责,要为自己学,而不是做做样子。每到学期初和学期末,我还会要求学生针对目标进行小结和作出调整。

二、增强信息素养,拓展文化视野

在一个资讯发达的时代,只是埋头在自己的世界里,必然会造成短视和无措。我告诉孩子们,要善于利用社会公共资源,不断接受新信息,养成终身学习的习惯,从而适应快速变化的时代。我经常组织学生参加中科院的科普开放日活动,参观中央民族大学博物馆、航天飞行控制中心,利用身处北京独特的地理和文化优势,帮助学生开拓视野。

"书香立少年"，很多研究都发现，爱读书的孩子有更大的词汇量、更好的解决问题能力、更高水平的情商，能以积极的方式辨别、理解和处理情感。我经常鼓励孩子们去图书馆借阅书籍。我们班响应学校"多读书、读好书"的号召，在家长们的大力支持下，建起了班级图书角，经常举行读书交流会，互通阅读心得。孩子们分成小组，前期查找资料、阅读归纳、制作PPT，在读书交流会上介绍心仪的图书，分享阅读心得，锻炼了归纳总结、有效表达的能力，班里也形成了"悦读"氛围。

三、从点滴做起，培养好品格

作为班主任，接班以来，我一直有意识地培养学生好学、勤思、踏实、自信的品格。为了让学生掌握好的学习方法，具有主动获取知识的能力和运用知识解决问题的能力，我们班从一年级开始要求人手一本笔记本，用提纲式的简练语言记录每堂课的知识点、重点和难点，并用自己的语言小结学习状况。每周一，班主任都会逐一批阅，并在班会中对做得好的学生进行鼓励、表扬。

孩子们早晚功练习，一直由在校大学生予以指导。孩子们的舞蹈技能因此得到了明显提升。在各场演出中，我们班孩子将课堂上学习到的技能展现出来，成为音综专业的骨干力量。为了参加2019年10月1日的国庆70周年演出，他们经历了为期四个月左右的艰苦排练。在超时长、超大量的排练期间，孩子们既不埋怨，也不拖沓，展现出良好的艺术素养和集体意识，令人欣慰！

班主任犹如为人父母，经常会踌躇于管的尺度，纠结于育的方法。每周一的班会时间，我都会围绕设计不同形式的班会，引导和教育学生积极向上、维护班级团结，解决班级里的各种问题。临近高考，我还会保持与家长和任课教师的积极沟通，形成家校共育的氛围。希望孩子们在学校、老师以及家长们的合力培养下，保持健康、开放的心态，具有终身学习能力，成为能适应未来的一代新人。

中职数学教学中的德育探索

郭 玥

中职数学教学的育人抓手，体现在将价值观融入知识传授和能力培养中，帮助学生建立正确的世界观、人生观、价值观。数学教师需致力于把数学教学与思想政治教育有机融合在一起，以课程德育为载体，将数学知识传授与价值引领相结合。

数学学科渗透德育的有效方式包括渗透数学文化、发现数学美、感悟数学哲学三方面。这三个角度围绕数学发展、数学价值、数学思维等核心领域展开，在发展学生数学核心素养，形成积极生活态度，树立正确价值观等方面具有显著成效。

一、渗透数学文化，发展数学素养

数学文化是以数学科学体系为核心，通过特殊的数学方式所体现出来的相关文化总和。在数学文化学习中，学生可以了解数学的历史发展、回顾数学家求索历程、体会数学思维的灵活贯通。在中职数学教学中积极渗透数学文化，有利于学生数学素养的提升。

教师在引入勾股定理时，可以先解释"勾""股"。勾股定理揭示的是直角三角形三边关系的定理，据说是公元前21世纪大禹治水时发现的。我国现存最早的数学著作《周髀算经》中记载了一段西周时期周公与大夫商高讨论勾股测量的对话。商高答周公提问时提到"勾广三，股修四，径隅五"，这正是勾股定理的特例。中国数学史上最先给出勾股定理证明的是3世纪三国时期的赵爽，2002年在北京召开的国际数学家大会采用赵爽弦图作为会徽。介绍我国古代研究勾股定理的成就，有助于激发学生的爱国热情和民族自豪感，更是把数学知识作为一个载体传承数学文化。

2018年高考试题（北京卷）在考查等比数列知识时，涉及我国古代乐理学经典"十二平均律"。它的创造者是中国明朝的朱载堉。朱载堉是明朝开国皇帝朱元璋的九世孙，是科学家、律学家、历学家、音乐家，被称为"东方文艺复兴式的圣人"。他首创的十二平均律理论是世界数学史和音乐史上的重要成就。"十二平均律"因便于移调、转音等原因，被国际音乐界广泛采用。钢琴和所有的键盘乐器采用的都是十二平均律。将十二平均律用数学公式写出来又得到了一个指数型函数，这也正是钢琴的弦和风琴的管外形轮廓都是指数曲线的原因。教师在教学中融入这样的例题，会让学生在学习的同时体会到文化的熏陶，感悟到数学的博大精深，数学课堂会因此变得生机盎然、光彩熠熠。

二、探索发现数学美，形成积极态度

生活中处处都有美，美能够陶冶情操，使人积极向上。数学知识本身也具有独特的美感。教师在教学中可以通过引导学生对数学美的欣赏，激起他们对数学的学习兴趣，发展积极的生活态度，从感性和理性的角度认识艺术。

中学数学内容中有许多对称的图形。比如线段、角、等腰三角形、等腰梯形、矩形、正方形、菱形、圆以及二次函数、余弦函数的图象等都是常见的轴对称图形；又如平行四边形以及反比例函数、正弦函数、正切函数的图象都是中心对称图形。在课堂教学中，教师可以通过几何画板课件、PPT等方式充分展示数学中的对称美，让学生感受数学的生动，丰富学生的美感体验。2019年高考试题（北京卷）的心形曲线一题，因其形状优美、寓意美好，被誉为"最美考题"之一。

著名的维纳斯雕像的身高比例被世人公认是最美的。这个比例恰恰就是黄金分割比，因其具有比例性、和谐性、艺术性而被广泛应用于绘画、建筑、音乐中。如达·芬奇的《维特鲁威人》《蒙娜丽莎》《最后的晚餐》，古埃及的金字塔、巴黎的圣母院建筑、法国的埃菲尔铁塔、雅典的巴特农神庙，李焕之的《春节序曲》、德国民歌《在最美丽的绿草地》等。黄金分割可以渗透在分数与根式、数列（斐波那契数列）、等腰三角形（黄金三角形）等知识的教学中。2019年的高考试题（全国卷）中出现"求维纳斯身高"一题，也是"以美育人"的很好体现。

三、领悟数学哲学，树立正确价值观

《普通高中数学课程标准（2017年版）》指出："数学是研究数量关系和空间形式的一门科学。数学源于对现实世界的抽象，基于抽象结构，通过符号运算、形式推理、模型建构等，理解和表达现实世界中事物的本质、关系和规律。"这一表述阐明了数学与大自然以及人类社会的天然联系。数学是表达宇宙空间本质的工具。数学最本质的特征就是逻辑的严密性，蕴含着讲规则、重证据、依逻辑、实事求是、严谨求实的科学精神与道德品格。数学不仅有理解和表达现实事物的本质、关系和规律以及发展学生理性思维的工具属性，也有鲜明的科学精神、道德品格等价值观念属性。所以，数学教学中必然要将其工具性和人文性有机结合起来，体现德智融合，并在"四基""四能"的教学中自然而然地融入科学精神和人文精神的培育。

比如学习"导数"知识时，教师可以引入牛顿和莱布尼茨之争的故事，说明极大值与极小值就好比人生的高峰与低谷，都是暂时的人生转折点，生活中有起有落很正常。学生明白了这个道理，能帮助他们增强抗挫意识，待人处事中扩展胸襟。讲授"方程、不等式与函数的关系"时，教师可以渗透辩证唯物主义思想。方程（等式）与不等式本身是两个相互对立的矛盾关系，但将二者与函数联系起来就可以相互转化，统一起来。这种对立统一观点就是辩证唯物主义的基本思想。因此，教师在教学中应以"立德树人"为立足点，从德智体美劳多方面选择例题和素材，不断尝试唤醒学生对真善美的认识、尊重和理解。

可见，开展课程德育，数学老师不是旁观者，应积极参与其中。中职数学教师应当深入研究教材，广泛收集思政案例，精雕细琢，大胆创新，不断实践，在数学课程中将德育润物细无声地进行到底。

做"因材施教"的班主任

耿英杰

我刚刚接手班主任工作的时候,就发现班上23个孩子都个性鲜明:有的稳重踏实,有的调皮闹腾,有的乖巧可人……每个孩子都是姿态各异的小树,虽然枝丫横七竖八,但都不可遏制地渴望成长。在最开始的一段时间,我静静地观察他们,不久班上的一个女孩小R引起了我的注意。

小R在开学第一个月的表现就显得与其他学生十分不同:每次宿舍值日敷衍了事,宿舍经常因她而被扣分。她上课时总是发呆,在我的语文课上却很喜欢回答问题,但经常词不达意,抓不住重点。她的桌面总是杂乱地堆放着各种与学习无关的物件,桌椅下遍地碎纸屑。很多老师向我反映,这个孩子学习懈怠,没状态;纪律松散,偶尔还有不完成作业的情况;老师质问时沉默不语,是个不折不扣的"问题生"。我对小R观察一段时间后发现,这个孩子的主要问题是自制力不强、责任心不强,有一定的表达欲和表现欲。我在多次提醒小R后,她的状态并没有太大的改观,之后我没有采取太多的措施,而是在寻找一个契机。

每周二和周四早晨我们班的第一节课都是音乐综合课,这是音乐舞蹈综合专业非常重要的专业课。我经常课前去专业课教室观察他们的准备情况。有一次,正好碰见综合课老师。我与她聊起每个孩子的课上表现。我从老师口中意外得知,小R这段时间在音乐综合课上的表现很突出。小R能够主动思考并举一反三,积极回答问题,老师对她的印象很不错。我很高兴,这就是我要的契机。

当天,我把小R叫到我的办公室。因为之前犯错太多,她站在我面前显得局促不安,缺乏自信。我语气温和地告诉她,综合课老师表扬她在课上的表现非常好,觉得她非常优秀。听到我的话,小R惊讶地抬起了头,眼睛睁得大大的,眼神中闪烁着意外和惊喜。我拍拍她肩膀继续说:"今天综合课老师表扬你的时候,我很开心。因为我相信你是有能力好好学习的。其实,其他功课和综合课一样,以你的智力水平只要端正学习态度,也一定可以完成得很好!"她点了点头说:"老师,我明白了,我一定努力做好。"我顺便指出她的个人卫生问题。她也觉得很不好意思。我们两个趁着课间十分钟一起整理了课桌,清扫了地面。

在之后的语文课上,小R更喜欢回答问题了。我在她回答问题时总会提醒她,想好了怎么说再举手。果然,经过提醒和深入思考,她回答问题的语言凝练了很多,表达也清晰了很多,在课堂上也越来越自信。

关于小R值日敷衍扣分的问题,我认为是缺乏责任心导致的。所以,我开始有意识培养小R的责任心。我首先任命她做我的"专属小助手",每天去办公室帮我分担一些班级事务,比如:分发作业本和周记本、课前帮我打开多媒体设备。最开始一段时间,她偶尔会忘记去办公室找我,但随着日复一日的监督和提醒,慢慢形成了习惯,责任心越来越强。她每天都会去办公室,不仅主动询问我需要什么帮助,而且向每个老师打招呼并主动帮助其他老师做力所能及的事情。我的同事们都认识了这个活泼可爱的姑娘。后来,小R就连打开多媒体这样的工作都做得越来越细致负责,主动帮我把优盘中的课件拷贝到电脑上,并将电子黑板的手写笔调整到我习惯用的粗细程度。她对负责的工作越来越认真,宿舍值日扣分次数也明显减少,其他同学再没有反映过她值日敷衍。看着她一点一滴的变化,我心中默默欢喜。

班中很多孩子喜欢看网络小说,小R也是其中一个。作为语文老师,我推荐他们看经典名著,但没有在班里明令禁止过网络小说。在一次语文微写作作业中,小R的作文引起了我的注意。她的作文用到了一些生动形象的词语和修辞方法,短短200字虽然有好几个错别字,但瑕不掩瑜。她的作文成绩在班上并不突出,书写也不美观,但这次我特地认真修改了小R的作文,并在公开课上作为范文来讲解。我注意到小R脸上掩饰不住的喜悦。一下课,小R就迫不及待地跑上讲台问我:"老师,您刚才课上范文中是不是有我写的句子?"我说:"是呀!老师就是根据你的作文进行改写的。你的比喻很生动形象，运用得非常恰当！我觉得你进步很大。你能告诉我是在哪里学到的吗？"她神秘地一笑，说："是我最近刚刚看过的一部网络小说中的，我很喜欢那个作者的文笔，就记在脑子里了！""原来网络小说也有值得学习的地方啊，你真善于学习！"我表示肯定，"看来写作也是你的强项喽！"她腼腆地笑了。"但是，你的书写实在是有待提高啊！"小R挠挠头说："老师，我想把作业重新抄写一遍。"

在后来的一次写作中，我要求学生描写熟悉的人物，捕捉人物的特点。小R选择的人物竟然是我！当我看到她的作文时竟忍俊不禁。她抓住我上课前补口红、喜欢吃零食、习惯喝凉水的特点，写得有趣而生动。我在作文评析课上读了这篇作文，学生们听得津津有味。有好几个学生评价这篇作文写得非常真实生动，细节到位。我看到小R笑靥如花，自信满满。后来的小R越来越喜欢写作，也越来越自信，越来越注意同学对她的评价，其他学科的学习也更加努力了。我从任课老师们口中越来越多地听到对她的正面评价。虽然她的成绩还徘徊在班里的中下游，却一直在持续不断地进步。我也一直在观察她，她懈怠时就提醒她，进步时就鼓励她要做得更好。她慢慢由班中的"问题生"变成了自信、责任心强且充满上进心的"潜力股"。"因材施教"帮助我改变了小R的学习状态和精神面貌。

"因材施教"是孔子提倡的教育思想。陶行知也说过："培养教育人和种花木一样，首先要认识花木的特点，区别不同情况给以施肥、浇水和培养教育，这叫'因材施教'。"因材施教也是每个班主任的必修课。班主任必须认识到，每个学生都是独一无二的存在，针对有个性的学生更应该采用有个性的教学方式，做"因材施教"的班主任。

作为班主任，我们不可能要求班中的每个孩子都整整齐齐，就像被园艺工人精心修剪过的花草一样。班主任在教育过程中一定要尊重学生的独特性，把每个孩子的独特性看成是珍贵的资源去珍惜，去开发，使每个孩子都能够得到自由而全面的发展。苏霍姆林斯基告诉我们："世界上没有才能的人是没有的，问题在于教育者要去发现每一位学生的禀赋、兴趣、爱好和特长，为他们的表现和发展提供充分的条件和正确引导。"班主任要懂得，多一把尺子就多出一批好学生，不能用同一个标准去衡量和要求学生，而要从多个维度去关照学生，善于发现学生身上的积极因素，利用积极因素去克服消极因素。小R的优长也许她自己都没有意识到，而我发现她善于观察、能够积极思考，将这个优点放大，培养她的自信心和责任心，由一点优长带动她各方面能力的提高。中学生具有很强的可塑性。这个年龄段的学生普遍敏感、个性强、自尊心强，又会因为外界因素的影响容易对自身产生质疑，容易在犯错后不知所措。他们脆弱的心灵需要保护和引导，"因材施教"的班主任要为他们的成长铺设台阶，创造价值。小R需要建立自信心、培养责任心，需要机会去成长。我在适当的时机给她提供条件，表扬她，培养她，稍加引导，孩子很快就建立了自信，慢慢培养起责任感。

　　班主任只有学会"因材施教"，才能帮助每个个性满满的学生发现自身闪光点，树立自信心，找到解决自己问题的方法和适合自身发展的道路，收获成长路上的阳光雨露。

做学生成长的引路人

李阿南

作为附中芭蕾舞学科的一名教师，也是一名班主任，多年来，我在教学中不仅要教授芭蕾技术给学生，更重要的是，培养学生成为一个完美的人。

作为一名芭蕾基训课教师，我要面对不同条件、不同层面的学生，需要从各个方面研究学生。每个学生的天赋和能力不同，这其中包括学生自身的生理与体能条件、接受认知能力、知识储备的情况与心理因素等。通过认识和理解学生的差异，针对不同的学生有不同的要求和训练方法，能为他们创造相应的不同条件去激发他们的舞蹈表现力，在学生自身有限的条件下达到最优的训练效果。事实上，由于芭蕾舞自身的特点与审美理想，教师更应从实际出发，有针对性地进行教育教学，才能达到预期的教学目的。因而，教师需要因材施教，在课堂上细心观察每个学生的优缺点，还需要具有高度的责任心和耐心，预判学生在课堂训练中可能出现的问题，进行针对性训练，从而使教学更紧凑而高效。

教师在芭蕾基训教学中还要培养学生独立思考的能力，积极地调动学生的主动学习意识，营造良好的课堂氛围，引导学生自发地热爱舞蹈，这样能使学生具有开阔的思路与不断探索舞蹈的进取心。为此，教师可以引导学生用舞蹈表演的形式表达情感，让舞蹈逐渐成为学生发自内心的情感表现，成为激发他们学习兴趣的源泉。通过激发学生对于舞蹈训练、表演的浓厚兴趣，引发表演的强烈冲动，就会使学生由被动变为主动，从而获得理想的教学效果。

作为一名班主任，我充分用好作为专业教师的优势，将审美意识培养纳入德育工作的内容。审美意识培育是一种审美教育的重要内容，能够帮助学生形成良好的审美观念和欣赏美、创造美的意识与能力。我在平时的教学和德育工作中通过对技巧动作的讲解、示范，给学生播放经典的芭蕾舞作品视频，启发学生关注芭蕾舞的肢体美、韵律美等，陶冶学生的情操，塑造学生的审美理想。

在学生眼里，老师的一言一行都是楷模，都被看在眼里、记在心里，老师是他们在学校里较为信赖和敬畏的人。我的双重职业身份更强化了我在学生心目中的权威地位。在学生的眼里，我似乎总是对的，他们极少会用怀疑的眼光看待我，对于我的话基本上也是言听计从。因此，我在工作中更加战战兢兢，更加谨言慎行，觉得如果我在日常工作中不注重形象塑造，不注重仪表仪态，就没法做好德育工作。同时，我不仅要正己身，还通过制订人性化的班级规章制度导其行。在这个过程中，我充分考虑学生的因素，不以班主任的权威打压学生，遵循"人无完人""知错能改就是好学生"的原则，从人性化角度拟定班级管理制度。以班级量化考核为例，我在扣分后制订出相应的辅助措施。如：某学生逃学后被扣分，还可通过对该学生一周内的表现进行处理；当该学生在规定时间内再没有出现类似错误，则可放弃追究，也可通过做好人好事抵消逃学的"过错"。学生都会犯错，但有了改正的机会，积极性就会增强。

在我的积极引导下，学生不仅能够基本解决芭蕾基础训练中的问题与难题，同时能够系统、坚实地掌握相关理论与专业知识，树立良好的学习习惯与学习风貌，直接促进其正确人生观、价值观和世界观的建立。作为一名教师，我愿做学生锤炼的引路人，做学生学习的引路人，做学生创新的引路人，做学生奉献祖国的引路人。

中职院校班级管理的六大任务

孟庆军

班级管理是班主任的首要工作任务。加强班级管理，能为学生健康成长打下良好的基础。

一、班级管理要走向全员育人

育人始终是教师的根本任务，也是班级管理的价值目标。学校的一切工作都要紧紧围绕培养学生而展开，都要服从、服务于学生的成人成才。学校的每一位教师，都应该而且必须承担起各自的责任，包括后勤管理人员、教学辅助人员也要主动对接育人工作，在一切活动中教育学生，引导学生，培养学生，小到学生的生活，大到学生的专业学习，都不能忽视。班里的某学生因第一次离家住校，学习、生活上都极难习惯学校生活，生活上更是不会自理。宿管阿姨细心地帮助他解决生活上的问题，当学生深夜想家时及时开导；班主任更是在发现学生出现的问题后，定时帮助学生与家长保持联系；后勤处的老师也在学生安全和就餐上给予保障，真正实现了教师全员参与，帮助学生很快适应了住校生活。

二、班级管理要促进多元发展

促进学生多元发展是班级管理的重要内容。首先，班主任要发挥课堂教学主阵地、主渠道作用，将"道德与法治"与综合实践活动等学科进行有效整合，春风化雨，润物无声，不断提高学生的道德水准。其次，在"三基+特长"素质教育模式指引下，班主任要着力打造独特的走廊文化、教室文化等，形成具有特色的育人氛围。班主任要鼓励学生积极参加课外活动，除专业课外搞好文体活动、游学活动和文艺联欢，在加强班级和谐团结氛围的同时实现学生全方位的多元发展。

三、班级管理要加强工作实效

传统的班主任工作在学生管理和思想教育方面还处在相对被动的地位，还不能够提前发现学生存在的问题并与之主动沟通解决，管理方式上主要运用班会、座谈等方式，很少运用新型互联网手段，工作实效性比较差。为了改变这一状况，班主任可以运用互联网软件，例如微信群和QQ群等，加强与家长之间的联系，从而及时发现学生在学习、生活上出现的问题，这对提高工作实效性大有裨益。

四、班级管理要营造良好氛围

班主任要采取措施，为学生健康成长营造和谐友好的氛围。一要积极开展各种思想性、艺术性和趣味性的活动，丰富学生的课余生活，挖掘学生的兴趣爱好；二要充分发动学生参与班级管理，切实发挥舆论监督的力量，认真组织学生学习校规校纪，制定班规，完善班级监督体系；三要实现学校和家庭的联动，实现家校共育。

五、班级管理要加强思想建设

学生思想建设是班级管理的重要内容之一。附中学生大都处在青春期，思想波动较大，传统管理办法容易使学生产生逆反心理，加之学生在住校期间与家长不能够有效沟通，容易在思想上产生不良想法，甚至于行为上造成难以挽回的伤害。加强学生思想工作，需要从课堂教育到心理教育、生活教育全方位进行。因此，班主任一方面要有效解决家校沟通的问题，另一方面要与教师集体共同努力，给予学生爱与关怀，给予学生思想鼓励和行为示范。

六、班级管理要增强育人意识

"三全育人"思想要求不同岗位上的每个教师都发自内心地去了解学生

的真实想法，关注学生的实时动态，从根本上形成育人意识，在潜移默化间不断提高育人能力。班主任要善于调动教师集体的积极性，共同投入班级育人事业中。任课教师在教学活动中传道授业解惑，通过自身的人格魅力、高尚情操对学生进行言传身教。管理人员通过提升自身素质，转变管理理念，增强服务育人意识，充分地尊重和理解学生，创造风清气正的育人氛围。后勤工作人员在日常工作中要加强道德修养，通过满腔热情和优质服务为学生提供充足的后勤保障。只有在全体教师的通力合作下，提升整个学校全体教师的育人意识，才能为学生未来发展创造更好的氛围和环境。

新时代的班级管理与建设，要求将落实立德树人根本任务贯穿全过程。深入贯彻"三全育人"思想，对提升班级管理工作品质、提高教师育人能力提出了新的行动要求。

我们是"芭 15"

——班主任工作的点滴感受

纪佳男

我在北京舞蹈学院任教十六年,除了完成自己的教学任务,2019—2020学年还担任了芭蕾2015级的班主任工作。对于全校钢琴教研室唯一承担班主任工作的我来说,既使命光荣又责任重大。我带的这个班是附中五年级,学生年龄大都在十六七岁。这个年龄段的学生已步入青春期,他们有自己的想法和见解。作为半路接班的班主任,我需要充分考虑学生的心理状况,深知要得到学生的信任和爱戴就需要从细节入手,用心关爱和陪伴,真正走进他们的内心,全心融入班集体。

一、增强集体荣誉感,加强班级凝聚力

开学仪式后,我第一次走进芭蕾2015级文化课教室,第一次见到同学们,面对可爱又陌生的29张面孔,心里其实很忐忑。我不清楚未来的日子会经历些什么。在做了简短的自我介绍后,我走到教室后排,当看到书架最下面几张散落、破损、粘连、无人关注的奖状时,意识到这个班级的集体荣誉感和凝聚力有待提升。于是,我亲手把粘连的奖状分开,把破损的粘补起来,在学生去练功的时候把装裱好的奖状摆放在教室显眼的位置,并在第一周的班会上让学生们仔细回忆每张奖状背后的故事,提醒大家集体荣誉感的重要性,激发大家热爱班级的积极情感,加强班级的凝聚力和向心力。

开学后的两个月,学校开展"不忘初心、牢记使命"的主题教育,陆续举办了"巍巍中华情,拳拳赤子心"演讲比赛和"含响尽天籁,学子皆深情"爱国歌曲歌唱比赛。我觉得应该抓住这个契机积极参与。虽然演讲和唱歌并非芭蕾教学科学生们所擅长,但积极参与集体活动是增强团结合作精

神、提升班级凝聚力的好机会。在了解比赛规则和要求后，我们决定以集体形式参加比赛。在比赛准备阶段，学生们的参赛情绪并不高，只有女生比较积极，在需要男生加入时遭到了拒绝。这时，我主动找学生做思想工作，强调我们是一个大家庭，每个人除了自己的名字外还有一个共同的名字——"芭15"，每个人都应该为班级、为集体出一份力。班主任也发挥表率作用，演讲比赛从一开始鼓励大家和帮学生挑选合适的伴奏音乐，再到自己也加入到节目中来，与大家共同经历一步步的排练、选拔、审核，再到走台和比赛，始终陪伴在学生周围。大家相互鼓励、打气，迅速拉近了彼此之间的距离，很快打消了学生心中的顾虑。通过集体的努力，我们分别获得了两项比赛的二等奖和三等奖。赛后，面对同心协力得来的荣誉，学生的反应自然是十分喜悦。这样的成绩让学生们意识到自己的能力不可小觑，应当主动打破思想禁锢、拥抱时代、全面发展。在集体荣誉的激励下，全班师生拧成了一股绳，班级荣誉感和凝聚力正一步步在提升。

二、营造好的班风学风，用智慧管理学生

"近朱者赤，近墨者黑。"好的班风和学风可以有效增强班级凝聚力，是促进班级不断前进和发展的内在动力。不论是在文化课学习、专业课练功，抑或课余生活中，班主任都应该营造一种积极向上的班级氛围。

在一次周六的选修课前，几乎整个班级的学生都拿出了私藏的第二部手机……这件事提醒我，工作应该做得更细致到位些，应该更用心地去观察学生，多与学生交流，建立良好的成长环境；同时，应该更科学地管理班级，培养一支有较强责任心的班干部队伍，共同努力形成良好的学习氛围。在之后召开的班会中，我以"我们是'芭15'"为主题要求每位学生上台发言，对私藏手机的行为进行反省。我最后也晓之以理、动之以情地表达了内心感受，希望学生们能以"芭15"一员为荣，团结互助，时时想到自己做的每一件事都代表班级形象。这件事让我体会到，用爱感化学生远比只用严厉去震慑学生更有效果，同时我也感到班级制度文化建设势在必行。

舞蹈学院附中每个月都会进行"星耀附中"班级评比，其中包含学生在

校的考勤、纪律、宿舍内务、教室卫生等。我接班前的一个学期，班级的排名一直比较靠后。学生大都觉得这些评比和排名没有太大意义，不如专业上多转几个圈来得更实际。在我看来，严于律己的学习和生活态度必将激发每位学生的创作潜能和热情，鼓励他们不断创新，突破自我。于是，全班师生在达成思想共识后定下重回"星耀附中优秀班级"的目标。我们开始以附中学生日常行为规范和学校相关制度为依据，培养学生的自我管理能力，从他律走向自律。我也时刻提醒学生们要有责任心和敬畏心，处处从我做起，不论是纪律还是值日卫生，责任到人，人人有份。同时，我鼓励学生们在专业课和文化课上制定近期目标，选定学习竞争的对手，形成互比互学的良好氛围。就这样，大家在每天的学习生活中朝着既定目标前进，在全班师生共同努力下，学期结束时我们班获得全校"星耀附中优秀班级"荣誉称号，并在全校"星耀附中班级"学期总排名中名列第四，多个宿舍拿到了文明宿舍和卫生标兵宿舍红旗。学生们文化课成绩的优秀率和及格率在教学科所有年级中名列前茅，专业水平也有较大进步和提高。

三、细心关爱学生，用心陪伴成长

爱是教育的基础，有爱就有一切。其实，看似烦琐的班主任工作无非就是老师和学生一次次心灵上的触碰。当第一次见到学生们，除了简短的自我介绍，我还告诉大家自己是以朋友、家人的身份来这里帮助、陪伴每一个人的……一个五年换了八位班主任的班级，学生更需要得到老师的信任、尊重、理解和鼓励，也更希望得到最真实、最具体的关爱和陪伴。

很多时候学生的一些问题不会直接真实地展现出来，要想全面及时地了解，就需要班主任细心观察学生的变化，勤到学生中去，贴近学生的内心。班级管理中，我会在早读时间来教室关注学生的学习，会经常与任课教师交流了解学生情况，在校园碰到学生会经常停下来跟他们交谈沟通……我相信，只有这样才能真正了解班级的基本情况，及时掌握学生的思想动态和班级存在的问题。当发现班里出现一些不和谐音符时，我会根据不同学生的性格特点耐心地说服教育，用爱感化学生。生活中，我还会经常走进学生宿舍，关心学生的日常生活，帮助大家养成良好的卫生习惯，并为学生们添置鞋柜和绿植。作为班级大家庭中的一员，我记得全班29名同学的生日，会给每位同学准备生日礼物，中秋节会为大家准备月饼，平安夜会在每位学生的床头放上一个苹果……我尽可能在无声中让学生感受到家人般的爱。我深信，如果班主任能"以爱动其心，以爱导其行"，学生也会潜移默化地爱上班级和他人。班级就能成为一个充满温馨、充满爱的大家庭。

四、引领价值导向，积极应对疫情

2019—2020学年的寒假因突如其来的疫情变得格外漫长。这种特殊状况是我们每一个人都从未经历过、感受过的。疫情影响了我们正常的生活和心态，打乱了我们正常的学习和练功。当学校决定延期开学、实施"停课不停学"的网课教学时，我们坚决落实附中党总支和芭蕾舞教学科党支部对于防疫工作和居家学习的各项部署，在一步步摸索中克服各种各样的困难。

一方面，我密切关注学校、教学科发布的每条动态，通过学校及芭蕾舞教学科班主任群积极落实各项要求，传达并强调各项疫情防控政策；另一方面，通过班级家长微信群、学生微信群点对点、一对一地每日了解、摸排学生的动态和身体健康情况。同时，我还积极配合任课教师顺利开展教学工作，耐心地对学生进行心理上的安抚和疏导，减少学生对疫情的恐慌，提醒学生关注身体健康，要自觉、自律地安排好生活和学习。我鼓励大家利用课余时间培养兴趣爱好，不断丰富和充实自己，将原本在家枯燥无味的生活变得丰富多彩。班级持续开展主题明确、内容丰富、形式多样的各项网上教育活动，例如：诚信、自觉自律主题班会，音乐知识、舞剧欣赏主题讲座，师哥师姐升学、考团经验分享，社会热点事件主题教育等，以鲜明正确的价值导向引导学生，以积极向上的力量激励学生，促进学生形成良好的思想品德和行为习惯，保障学生思想品德健康发展。我相信，每一次生动活泼、富有教育意义的班会都会在学生的心中种下一颗美好的种子。这样既锻炼了学生的自我学习管理能力，又提高了学生的认知能力，帮助他们形成正确的世界观、人生观、价值观，在"芭15"的大家庭中共同进步、共同成长。"芭

15"的班会记录光荣地被学校评为"优秀德育主题班会",在学校官网、官微推送展示。这不仅仅是简单的几次记录,更是凝结了"芭15"所有人的信心和力量。

  我细细品味着班主任工作带给我的酸甜苦辣。班主任不好当!虽然劳心费神、烦琐艰辛,但同时也收获了很多感动和幸福。当全班学生为我唱起生日歌、称呼我纪爸爸的时候,当学生在作文《因为有了他》以我为荣的时候,当班级在多项校级比赛获奖、星耀附中名列前茅的时候,当学生和家长挽留你继续担任班主任的时候……这些点点滴滴让我感恩学生,激励我要更努力地做好工作,用耐心去理解学生,用责任心去激励学生,用爱心去陪伴学生,在学生成长路上点亮"德育"这盏灯。

传承舞校精神　把握"三基"定位　培育舞蹈人才

（跋）

附中校长　杨　纳

北京舞蹈学院附中是新中国创建最早的中等舞蹈学校，我校在管理水平、师资力量、教学能力、教学成果、学术研究、毕业生质量等各方面在国内中等职业舞蹈教育院校中都居前列。1994年经教育部、文化部评估成为第一批国家级重点中等职业学校，并于1998年、2003年、2008年连续以优秀成绩通过复评。成为"高等艺术教育优秀后备人才基地和优秀职业舞蹈表演艺术人才培养基地"。

近十年来，北京舞蹈学院附中顺应时代的要求，不负使命、屡创辉煌。"十三五"期间，附中立足新时代"以舞蹈为党育人，为国育才"的要求，进一步明确学校的办学定位，坚持"建设国际知名、国内领先、现代化、标志性的中等职业舞蹈学校"的办学目标，坚持"品德优良、身心健康，专业和文化基础扎实，知识和技能结构合理，具备一定艺术修养，有可持续发展潜力的基础舞蹈文化人才"的培养目标，坚持为社会服务的理念，加强师德建设和德育工作，全面建设"爱国、爱校、爱舞蹈"的校风，"爱岗敬业、无私奉献"的教风和"勤学、责任、自律"的学风。

附中通过"十二五""十三五"规划的编制，在稳步推进教育教学改革中，凝练出"弘扬传统、自主创建、以舞育人、锻造精品"的教育教学指导思想。将人才培养、专业建设、课程建设、教师队伍建设统合在这一指导思想中。

在这个范畴下，附中首先牢牢把握住具有附中教育教学特质的"舞蹈艺术作品"的品质与内涵，通过严谨、规范、唯美、求精的教育教学追求，使优秀的舞蹈表演人才在基础教育阶段就能蓬勃涌现，并与舞蹈精品融为一体，在艺术实践中树立附中舞蹈教育的品质。

其次，我们更注重舞蹈艺术更深层的育人内涵，通过挖掘专业内涵，把握课程的特性，提炼出适合附中学子学习规律的技法。通过"以技带艺"的方式，潜移默化地将核心价值熔铸在其中，传承技艺也就是传承职业理想，培养审美也就是铸造了爱国爱校爱舞蹈的情怀。要建立专业的归属感与荣誉感、在专业学习中打造学生成长的美好品质。舞蹈中就有情感态度价值观的培养，不能分而置之。提炼"以舞育人"的内涵，通过课堂主渠道，熔铸课堂思政、传承舞校精神，在树立学生职业品质的同时，传承舞蹈文化教育，用舞蹈美育教学涵养人、培育人、塑造人。

再次，我们精心培养一支德高艺精的教师队伍，以此作为以舞育人、锻造精品的重要枢纽。由于舞蹈表演艺术本身的形象性特点，教师的行为垂范成为学生模仿和研习最好的榜样，而舞校经过65年沉淀形成的"格调高雅、风格纯正、严谨规范"的学院派审美风格，也在这样的薪火相传中散发强大的生命力。

习近平总书记指出：青少年阶段是人生的"拔节孕穗期"，最需要精心引导和栽培。附中把握"三基"定位——北京舞蹈学院的"基石"、培养高精尖人才的"基础"以及舞蹈社会化人才培养的"基地"，通过深化完善顶层设计、深化内涵建设、理清管理制度、优化课程改革、强化教师队伍等积极的举措，承担责任、书写历史，在舞蹈学子人生最关键的十二年，通过世界观、人生观、价值观的确定，为他们奠定一生成长的基础，也为舞蹈大树的枝繁叶茂尽到我们的职责和努力。

希望在今后的工作中，北舞附中继续博采众长、兼收并蓄，用新思维、新理念、新举措推进舞蹈中等职业教育的发展。